Evi Crotti • Alberto Magni

Die geheime Sprache der Kinder

Kinderzeichnungen richtig deuten

Evi Crotti • Alberto Magni

Die geheime Sprache der Kinder

Kinderzeichnungen richtig deuten

Die Deutsche Bibliothek – Cip-Einheitsaufnahme

Crotti, Evi:
Die geheime Sprache der Kinder : Kinderzeichnungen richtig deuten /
Evi Crotti ; Alberto Magni.
[Übers.: Dagmar Reichardt]. - München : Beust, 1999.
(Kids world)
Einheitssacht.: Come interpretare gli scarabocci <dt.>
ISBN 3-89530-022-5

1. Auflage, 1.–10. Tausend, April 1999
2. Auflage, 11.–20. Tausend, August 1999

Copyright © 1996 Evi Crotti and Alberto Magni
Copyright © 1996 red studio redazionale, via Volta 43, 22100 Como
Titel der italienischen Originalausgabe: Come interpretare gli scarabocchi.

Copyright © 1999 der deutschen Ausgabe:
Beust Verlag, Fraunhoferstr. 13, 80469 München

ÜBERSETZUNG AUS DEM ITALIENISCHEN: Dagmar Reichardt, Hamburg,
für GAIA Text, München
LEKTORAT: Raphaela Moczynski für GAIA Text, München
LAYOUTDESIGN, SATZ UND PRODUKTION: Yvonne Heizinger für
GAIA Text, München
UMSCHLAGDESIGN: Markus Härle für GAIA Text, München
DRUCK: Offizin Andersen Nexö, Leipzig

ISBN 3-89530-022-5

Printed in Germany

Inhalt

Unser Dank gilt

Lidia Bagattini, Lucia Simotti und Wilma Bit
für ihre tatkräftige Zusammenarbeit und wertvolle Hilfe
insbesondere in der experimentellen Forschungsphase.

Vorwort

von Gianfranco und Stefano Piantoni

Wußten Sie, daß Sie mehrere Leben haben? Wir Menschen verfügen mindestens über drei: ein reales, ein eingebildetes und ein nicht wahrgenommenes Leben. Nun soll es vorkommen, daß unsere Kinder – und zwar nicht nur die kleinen – zuweilen ausgerechnet jener Art von Leben besonders zugetan sind, die uns Erwachsenen verschlossen bleibt. Je mehr Jahre vergehen, desto bedrohlicher wird die Lage: Während das erste, träumerische Alter allmählich dahinschwindet, gibt sich das heranwachsende Kind dem Reiz eines Universums hin, das sich ihm als zunehmend logisch und kohärent präsentiert. In der Annahme, daß ihm das zu vollkommener Reife verhilft, klammert sich das Kind an rationale Modelle. Doch das wahre Universum befindet sich einen Schritt jenseits der logischen Grenzen. Evi Crotti und Alberto Magni helfen uns mit dem vorliegenden Buch, dieses Gebiet zu ergründen, indem sie uns dazu bringen, anderen zuzuhören – gerade auch den Jüngsten unter uns.

Das ist kein einfacher Schritt: Jeder von uns hat seine Geschichte und birgt in seinem Erfahrungsschatz so manches – mitunter sehr lebendiges – Trauma. Mir ist, als wäre es erst gestern passiert: Ich spüre noch förmlich die Verwirrung von mir und meiner Frau, als wir eines Tages vom Büro nach Hause kamen und feststellten, daß Stefano die halbe Wohnung mit einem roten Filzstift beschmiert hatte. Da wir Evi Crotti noch nicht kannten, war unser erster Gedanke nicht der, ihr den Übeltäter anzuvertrauen, sondern blitzschnell im Kopf die Kosten für die erneuerungsbedürftige Tapete zu überschlagen.

Was Stefano damals durch den Sinn ging, beschreibt er heute so: »Meine Karriere als Maler begann, bevor ich gehen konnte. Ich erinnere mich, daß ich beschloß, mich zunächst mit den Malutensilien vertraut zu machen: Ich biß in einen Bleistift, kaute auf einem Radiergummi herum und saugte am Füller. Es war Liebe auf den ersten Geschmack. Ich debütierte mit einer Bleistiftzeichnung und begann, ein Blatt nach dem anderen mit Landschaftsentwürfen zu füllen. Ich weiß noch, daß mein Vater mich ständig fragte: Was hast du denn da gemalt? – Er schien meine Kunst nur mühsam zu begreifen.«

Mit derart unaufmerksamen Erwachsenen konfrontiert, sieht sich ein Kind gezwungen, seine Sprache zu verschärfen... Fragt sich nur: wie? Stefano fährt fort: »Irgendwann war ich dann der Meinung, daß meine Zukunft im Fresko liege. Ich fing also an, Jagdszenen im Schlafzimmer zu malen, wo es eine lange Wand gab, die sich für meine Zwecke anbot. Als ich den Horizont malen wollte, hielt ich den roten Filzstift an die Wand und rannte bis ans Ende des Korridors. Ich war mit dem Ergebnis zufrieden und begann, mein Konzept zu überdenken, woraufhin ich Opfer eines regelrechten 'kreativen Fiebers' wurde. Ich fing an, vor- und zurückzutanzen, denn ich war davon überzeugt, daß ich mindestens zehn Linien entlang der Wand ziehen mußte, um meinen Empfindungen der Dynamik und Bewegung angemessen Ausdruck verleihen zu können. Dieses Mal verloren meine Eltern, als sie nach Hause kamen, keine Zeit damit, mich zu fragen, was ich denn gemalt hätte. Sie wurden furchtbar wütend. Ich habe für sie geweint, die Armen! Sie haben die Welt nicht mehr verstanden. Am Ende gab ich auf und dachte, daß ich es wohl nie schaffen würde, sie von meiner künstlerischen Begabung zu überzeugen.«

«Stefano, ich bin da optimistischer. Vor einigen Tagen habe ich mich damit vergnügt, auf einem inoffiziellen Treffen mit Kollegen, die alle kleine Kinder haben, einen kurzen Ausschnitt aus diesem Buch vorzulesen. Einige Lehrer erstarrten in ihrer vermeintlichen Tüchtigkeit und wirkten plötzlich verloren und hilflos. Der eine oder andere vertraute mir an, daß er gern ein Vorabexemplar des Buchs hätte.« Daraufhin Stefano: »Das tun sie doch nicht, um ihre Kinder besser zu verstehen, sondern nur, um ihrem Ehepartner zu imponieren! Dabei ist der Weg, den man gehen muß, im Grunde ganz einfach: Man muß nur zuhören können und selbst wieder zum Kind werden.«

Ich weiß nicht genau, wo ich diesen Gedanken schon einmal gelesen habe. Als ich ihn das erste Mal hörte, war ich selber noch ein Kind. Vielleicht in der Bibel? Wenn es so wäre, dann müßte ein Wunder geschehen, damit wir verstünden, daß wir nur dann »wachsen« können, wenn unsere Kinder in uns Eltern Wurzeln fassen. Evi Crotti und Alberto Magni zeigen uns, wie man eben das versucht.

Gianfranco Piantoni ist Direktor des Studiengangs »Master Serale« an der Höheren Handelsschule der Universität »Bocconi« in Mailand. Stefano Piantoni studiert heute und wird demnächst sein naturwissenschaftliches Studium abschließen.

Die Autoren

Evi Crotti, Psychologin und Erziehungswissenschaftlerin, hat 1975 in Mailand die erste, an Girolamo Morettis Lehre orientierte Schule für Graphologie gegründet, der sie heute noch vorsteht. 1986 rief sie in Italien den ersten Psychologischen und Graphologischen Nationalkongreß ins Leben. Sie steht Firmen in Fragen zur Personalwahl und -ausbildung sowie Anwaltskanzleien bei der Auswertung graphologischer Gutachten beratend zur Seite. Als Spezialistin für Schrift und Entwicklungspsychologie arbeitet Evi Crotti mit verschiedenen Printmedien zusammen.

Alberto Magni ist Chirurg und beschäftigt sich mit psychosomatischer Medizin, Schulmedizin sowie Psychotherapie. Er ist an den Aktivitäten des Studien- und Forschungszentrums »Crotti-Magni« beteiligt, wobei er sich insbesondere mit den klinischen Aspekten seiner Interessensgebiete auseinandersetzt. Er schreibt für diverse medizinische Fachzeitschriften.

Evi Crotti und Alberto Magni haben in Italien bereits den Ratgeber Grafologia (dt.: Graphologie) gemeinsam veröffentlicht, den der italienische Verlag »red edizioni« in seiner Reihe »L'altra medicina« (dt.: »Die andere Medizin«) herausgebracht hat.

Einleitung

Über dieses Buch

Das vorliegende Buch ist in drei Teile gegliedert.

Der erste Teil handelt vom Kleinkindbild und gibt Interpretationshilfen für die erste Ausdrucksform kindlicher Kreativität im Alter von 1 bis 3 Jahren.

Der zweite Teil zeichnet die Entwicklung des drei- bis vierjährigen Kindes nach. Es geht darin um den Übergang vom Kleinkindbild zur Zeichnung, um die Entfaltung erster Formen und Figuren sowie um die Entstehung immer komplexerer Szenen.

Der dritte Teil ist ausschließlich der Zeichnung gewidmet, insbesondere den wichtigsten psychologischen Testverfahren, die die Persönlichkeit eines Kindes unmißverständlich charakterisieren, etwa wenn es eine menschliche Gestalt, einen Baum, ein Haus oder eine Familie malt.

Alle drei Teile sind – ebenso wie jedes einzelne untergeordnete Kapitel – mit zahlreichen Abbildungen versehen.

Projektive Testverfahren
mit Papier und Bleistift

Jedes Bild ist Ausdruck der Person, die es malt. Denken Sie nur an ein kleines Kind: Es fängt schon mit zwei oder drei Jahren an zu kritzeln, Linien zu ziehen, Zeichen auf der Wand oder an einer anderen (un-)geeigneten Stelle zu hinterlassen. Es zeichnet Schnörkel im Sand oder auf dem Fußboden nach. Dazu nimmt es die Finger, wenn es gerade keine Kreide griffbereit hat, oder ein Stäbchen, wenn es keinen Stift zu fassen bekommt. Es ist seine Art zu schreiben und sich jemandem mitzuteilen: Wenngleich diese Zeichen auf den ersten Blick wie unleserliche Flecken wirken, so handelt es sich in Wahrheit um einen gesprächigen Vortrag, den das Kind vor allem an Vater und Mutter richtet.

Jede Linie hat einen Sinn. Das bestätigt einem der kleine »Schreiberling« sofort, wenn man ihn dazu auffordert, seine Zeichnung zu erklären: »Das ist Opi, das ist die Katze, hier ist Mama, das bin ich.« Tatsächlich sind auf dem Blatt vielleicht an die vierzig, ziemlich gleich anmutende Zeichen zu sehen, doch jedes von ihnen hat in den Augen des Kindes eine bestimmte Bedeutung. Zusammengenommen ergeben diese Striche eine Geschichte: Jedes Bild enthält die Projektion seiner Wünsche, Emotionen und Ängste, der Bio- und Psychorhythmen, die seiner Wachstumsphase entsprechen. Daher heißen diese Tests auch gemeinhin »projektive« Tests.

Auf diese Art unterhält sich der junge Urheber eines Bildes mit der Welt der Erwachsenen: Es liegt an Ihnen, diesen faszinierenden Gesprächsfaden zu entdecken und aufzugreifen! Mit Hilfe Ihres gesunden Menschenverstandes und vor allem Ihrer Zuneigung können Sie jene Zeichen, die niemals völlig belanglos sind, deuten. Wenn ein Kind Ihnen ein bekritzeltes Blatt Papier vorhält, dann zeigt es Ihnen immer einen Teil seiner Welt und seiner selbst.

Es leuchtet ein, daß eine Kinderzeichnung noch mehr beinhaltet: Indem sich das Kind darin übt, den Stift richtig zu
halten und sinnvoll zu gebrauchen, fördert es die Koordination seiner Bewegungen. Es gewöhnt sich daran, seine
Gedanken und Impulse innerhalb eines vorgeschriebenen
Raums zu organisieren. Deshalb sollten Sie ein Kind auch
nie ausschimpfen, wenn es auf alles zeichnet, was ihm unter die Finger kommt. Stellen Sie ihm einfach mehr Papier
und Buntstifte zur Verfügung! Kinder, die gut ausgerüstet
drauflos malen dürfen, bewegen sich nicht so tolpatschig
wie andere; außerdem fällt es ihnen sichtlich leichter, sich
auszudrücken. Nicht ohne Grund benutzen Kinderpsycho-
logen und Neuropsychiater ausgerechnet die bildliche Darstellung als bevorzugtes Mittel, um Wachstumsstörungen
aufzuspüren.

Das Kleinkindbild

(1 bis 3 Jahre)

Woher kommt das Bild?

Noch heute erinnern diverse Spuren an das Leben primitiver Menschen: Sie drückten ihre Finger in Tonerde und zeichneten die Umrisse ihrer Hand nach, indem sie sie gegen eine

Bild 1

Höhlenwand hielten. Uns versetzen diese Zeichen immer noch in Erstaunen, aber stellen Sie sich einmal vor, wie sehr sich der Mensch selber damals gewundert haben muß, als er die Fähigkeiten seiner eigenen Hände entdeckte!

Eben diese Verwunderung erlebt auch das Kind, wenn es Zeichen auf einem Blatt Papier hinterläßt und sich dadurch seine eigene Existenz beweist: Es spürt, daß es sich vom Rest der Welt abhebt, und wird Zeuge seines konkret fühlbaren Daseins.

Während Josef in der Kinderkrippe vor sich hin malt, spricht er über sein Leben: »Das ist meine Mama, das ist der Papi von Elisa, das ist das Eis, das wir auf dem Schiff bekommen haben...«

Bild 2

Josef hat vor wenigen Monaten seinen Vater verloren und drückt seinen Schmerz durch eine nervös verspannte, leidende Linienführung aus. Mit dem Stift spricht er Dinge aus, die er nicht in Worte fassen kann.

Eltern tun gut daran, bereits die ersten, noch unbeholfenen Kritzeleien ihrer Kinder aufzubewahren. Die Kleinen verbindet etwas Magisches, Pures, Künstlerisches mit der Welt, das die Kinder aller Erdteile miteinander vereint, denn das Kleinkindbild ist eine universelle Geste: Es ähnelt sich in allen Kulturkreisen, Rassen und Breitengraden.

Einige zeitgenössische Künstler (denken Sie an die »informellen« Maler wie etwa Jackson Pollock) pflegen einen speziellen Kontakt zu diesem Typ der Gestik, die dadurch, daß sie eine scheinbar formlose Spur auf dem Blatt verfolgt, jene primitive Geste nachempfindet, die den Menschen die Möglichkeit eröffnet, sich selbst auszudrücken und eine Spur zu hinterlassen.

Anders gesagt: Ihr Kind feiert mit seinem Gekritzel den Ursprung der Schrift! Es handelt sich um eine primitive, doch sehr bedeutsame Handlung: Sie ist der Beginn eines Abenteuers, ein erster Moment der Schriftsprache, aus dem Kommunikation erwächst. Sie ist wie eine symbolische Nabelschnur, durch die sich das Kind mit seiner Familie verbunden fühlt und sich gleichzeitig auf die Suche nach der eigenen, graduellen Autonomie begibt. Die freie Hand des Kindes fährt der Länge und Breite nach über das Blatt. Dabei schreibt es keine Worte, sondern hinterläßt eine Spur, einen Ausdruck dessen, wie es die eigene Existenz empfindet, und eine unbändige Lust, sich allen mitzuteilen.

Wie eine Zeichnung entsteht

Jemanden kennenlernen zu wollen, bedeutet, jemanden verstehen zu wollen. Nur wenn Sie eine enge Verbindung mit der nonverbalen Sprache Ihres Kindes aufnehmen, können Sie sein Naturell, seine Biorhythmen sowie seine reellen

Bild 3

Bedürfnisse erkennen. Helfen Sie ihm, groß zu werden, indem Sie seine »natürliche Umgebung« respektieren.

Mit Hilfe der Zeichnungen Ihres Kindes können Sie insbesondere die instinkt- und gefühlsgebundenen Aspekte seines Wesens erforschen, die sein Verhalten konstant und lebhaft färben. Diese Sphäre können Sie sich bereits im Anfangsstadium erschließen, wenn Sie schon in frühester Kindheit auf die vielfältigen Signale achten, die Ihr Kind entsendet: lächeln, weinen, Freude, Schmerz... All das werden Sie in seiner Art zu malen wiederfinden. Die Lebenserfahrungen, die Ihr Kind gemacht hat, umschließen sämtliche positiven oder negativen Gefühlsregungen. Es obliegt dem Erwachsenen, diese zu entdecken und das Leben des Kleinen optimal darauf auszurichten. Indem Sie dem Kind dabei helfen, seine Ängste, Aggressionen, Wut, Reaktionen, Befürchtungen und Eifersüchteleien zu überwinden, bestärken Sie in ihm die Emotionen, die mit einem allgemeinen Wohlgefühl einhergehen. Hierzu zählen Liebe, Lust, Ausgeglichenheit sowie ein gutes Verhältnis zu den Dingen und Personen in seiner Umgebung.

Das Zeichnen auf einem Blatt Papier ermöglicht eine Kommunikation zwischen Erwachsenem und Kind. Dem Kind hilft die nonverbale Sprache dabei, sein inneres Universum zum Ausdruck zu bringen und Ihnen somit die Intensität seiner Gefühle zu vermitteln. Es stellt dadurch die Weichen für ein weiter gefaßtes Verhältnis, indem es seine Lebensenergie und Gefühlskraft auf mehrere Dinge »streut«.

Die Kinderzeichnung enthält zwei typische Komponenten: Die Geste und die Spur. Die Geste umfaßt die Intentionalität, Spontaneität, Zufälligkeit oder den Versuch einer Darstellung. Die Spur hingegen meint Kontrolle, Flüssigkeit, Mühseligkeit, Raumvereinnahmung, das Vorherrschen von kurvigen Linien, Ecken oder ähnlichem, kurz: all das, was man im Nachhinein feststellen und möglicherweise deuten kann.

Analog umfaßt auch das Zeichnen an sich zwei wichtige Momente: Zunächst den Augenblick, in dem sich das Kind dazu entscheidet, eine Spur zu hinterlassen, bis hin zu dem Punkt, an dem die Spur Form annimmt. Es ist genauso, als wenn wir uns dazu entschließen, etwas niederzuschreiben oder zu malen: Man sucht nach der sogenannten »Inspiration«, die nichts anderes ist als eine weiterführende Gedankenarbeit, welche man auf die Realisierung eines bestimmten Vorhabens ausrichtet.

Dem sensitiven und motorischen Moment kommt beim Kleinkind in Hinblick auf die zeichnerische Aktivität eine besondere Bedeutung zu. Zunächst bieten ihm seine Wahrnehmungsorgane ein recht raffiniertes System, um die vielen Nachrichten zu empfangen, die ihm seine Umwelt zukommen läßt. Mit Hilfe der Motorik schafft es das Kind, auf die Welt selbst einzuwirken. Beim Zeichnen verfeinert das Kind seine Art und Weise, die Realität nachzuempfinden und wahrzunehmen.

Angefangen bei der Manipulation von Gegenständen, die im Alter von etwa drei Monaten einsetzt, jagt ein Erlebnis das nächste: Sämtliche Erfahrungen sind für das intellektuelle, affekt- und gefühlsgebundene Leben des Kindes von großer Wichtigkeit.

Im Alter von zwei bis drei Jahren äußert sich bei den meisten Kindern bereits deren Veranlagung zum Zeichnen. Die Kontrollmöglichkeiten sind nun derart ausgereift, daß die Koordination der eigenen Bewegungen auf ein Ziel gerichtet und somit ein »Kunstwerk« hervorgebracht werden kann.

Das Vorschulalter ist eine an Erfahrung reiche Zeit, die die Erwachsenen nicht immer richtig einschätzen: Sie neigen dazu, die »Produkte« ihres Kindes entweder zum Abfallprodukt zu degradieren oder aber übertrieben zu loben, was eher dem Bedürfnis, das Kind über Gebühr zu beschützen, als einem durchdachten pädagogischen Konzept entspringt.

Bereits im Kindergarten zeigt ein Kind sein wahres Temperament und enthüllt seinen Charakter. Wenn es Ihnen gelingen sollte, sich Ihrer individuellen Erfahrungen zu entledigen und zu vermeiden, daß Sie Ihre eigene Persönlichkeit auf das Kind projizieren, dann könnten Sie Sachen herausfinden, die Ihnen sonst entgehen. Einer der Vorteile, den eine Zeichnung im Vergleich zu anderen Ausdrucksmöglichkeiten hat, ist der, daß Sie sie nach ihrer Entstehung in Ruhe analysieren können. Aus dieser Sicht kommt dem Bild eine größere Bedeutung zu als dem Wort, das, selbst wenn es auf einen Tonträger gebannt wird, dem Bild an Ausdrucksvielfalt nachsteht. Davon abgesehen ist die zeichnerische Spur nicht nur für die Erwachsenen, sondern auch für Ihr Kind selbst sichtbar: Durch diese Form der Selbstbetrachtung intensiviert es seinen natürlichen Drang zur Kommunikation und Kontaktaufnahme.

Kenntnisse über diese Art der »Sprache« erlauben es Ihnen, Ihrem Kind nahezustehen, selbst wenn es zuweilen etwas geizig damit sein sollte, etwas von sich preiszugeben. So wird etwa ein Junge, der viel Energie hat, seine Vitalität auf die graphische Handhabe übertragen. Sein Bild wird eher gekennzeichnet sein von Schlägen, Säbelhieben, Unterbrechungen und Ecken als von weichen Linien. Indem Sie diese Signale deuten, können Sie die verborgensten Aspekte seiner Persönlichkeit wahrnehmen.

Bild 4

Zeichnen lernen

Wie das Nervensystem parallel zur darstellerischen Geschicklichkeit heranreift

Um herauszufinden, wie es möglich ist, daß ein Kind zunächst kritzelt, dann zeichnet oder schreibt, müssen Sie sich einige Begriffe vor Augen führen wie Motorik, Wahrnehmung, Ausrichtung, Raum, symbolische Funktionen, Sprache usw. – alles Elemente, die zur Herausbildung der darstellerischen Geschicklichkeit beitragen. Eine unverzichtbare Voraussetzung dafür, daß eine angemessene Fähigkeit beim Bewegen der Hand mit dem Stift über das Papier erreicht werden kann, ist das Heranreifen des Nervensystems, das sich durch klar definierte Stadien in ebenso deutlich umrissenen Altersstufen auszeichnet. Dabei kann bei einigen Kindern die Entwicklung gewisser Fertigkeiten frühzeitig stattfinden, während sie bei anderen auf sich warten lassen mag.

Man unterscheidet mit voranschreitender Bewegungskoordination grundsätzlich folgende Ebenen:

Motorik (bis 20 Monate)

Die Zeichen auf dem Papier sind ebenseitig, d. h. wenn sie mit der rechten Hand ausgeführt werden, dann plaziert sie das Kind auch auf der rechten Blattseite, wenn das Kind die linke Hand benutzt, werden sie auf die linke Blattseite gesetzt.
Sie neigen dazu, zentrifugal zu sein, d. h. sie beginnen an dem Punkt, der dem zeichnenden Subjekt am nächsten ist, und entfernen sich dann sowohl nach rechts als auch nach links hin. Kurvige Linien können positiv, d. h. gegen den Uhrzeigersinn, ausgerichtet sein oder negativ, d. h. im Uhrzeigersinn. Die Wahl geschieht nicht zufällig, vielmehr ist

sie abhängig von der Gehirnstrukturierung und bleibt bis ins Alter von etwa drei Jahren unverändert. Erst gegen Ende dieser Phase ist das Kind in der Regel dazu fähig, richtige geschlossene Kreise zu malen.

Wahrnehmung (20 bis 30 Monate)

Man unterscheidet zwischen einer ersten Phase, in der das Kind seine Handbewegungen zunehmend dem Platz anpaßt, der zum Zeichnen zur Verfügung steht, und einer zweiten Phase, in der es von der Beherrschung der Geste bzw. der Hand zur Kontrolle des Gemalten übergeht : Zunächst verfolgt das Auge die schreibende Hand, dann steuert es sie und schließlich führt das Auge die Hand dorthin, wo es das Kind möchte (deshalb ist es – auch wenn es ihnen manchmal schwerfällt – immer sehr nützlich, wenn sich kleine Kinder darin üben, vorgedruckte Bilder auszumalen und deren Ränder zu beachten). Diese einfache Kontrolle wird zunehmend ausgeweitet, wodurch sich die Qualität des Gezeichneten und die des ganzen Werks merklich verbessert.

Darstellungsniveau (30 bis 48 Monate)

Schließlich schafft es das Kind, den darstellerischen Ausdruck mit dem mündlichen zusammenzubringen, d. h. das Bild mit lautstarken Beschreibungen zu kommentieren. Normalerweise deckt sich diese Phase mit der erworbenen Fähigkeit, einzelne, voneinander abgetrennte Linien auszuführen. Diese Errungenschaft ermöglicht es dem Kind, auf ein und demselben Blatt mehrere verschiedene und unterscheidbare Gegenstände abzubilden. Es gibt vier Elemente, auf denen dieser, für die weitere Entwicklung entscheidende Übergang beruht:

1 **Die Form:** Sie erlaubt es dem Kind, zwischen einer Geraden und einem Kreis zu unterscheiden und sich beim Malen für die eine oder andere Möglichkeit zu entscheiden.

2 **Die Proportion:** Ihr zufolge ist ein Ding größer oder kleiner als ein anderes.

3 **Die Anzahl:** Sie begünstigt die Beschreibung einer Reihe von Sachen oder Personen.

4 **Der Platz:** Damit ist der Blattumfang gemeint, innerhalb dessen Grenzen man bleiben muß.

Aus der Darstellung einfacher, nebeneinandergesetzter Elemente ergeben sich komplexere Gebilde: z. B. wird aus einem Kreis und einer Geraden die Grundlage der menschlichen Figur, der sogenannte »Kopffüßler« (Bild 5).

Bild 5

Bild 6

Dies ist die Zeit, in der kleine Kinder erste Versuche in der Schrift-Graphik wagen, womit die Nachahmung der Erwachsenen-Schrift gemeint ist.

Nach dieser Phase setzt gewöhnlich um das 4./5. Lebensjahr herum eine Differenzierung zwischen nicht-figürlichen Formen, die die Schrift ersetzen, und figürlichen Gegenständen, die die Basis jeder künftigen Zeichnung bildet, ein.

26

Interpretation

Was zu beachten ist

Ein Kind, das malt, entsendet eine Unmenge verschiedener Botschaften, deren Beobachtung man lernen muß, um sie korrekt beurteilen und bewerten zu können. Das gilt sowohl für Erzieher als auch für Eltern und ist unerläßlich, um Fehlern aus dem Weg zu gehen. Man beachte deshalb den Fingergriff, mit dem das Kind den Stift hält, den vereinnahmten Raum, den Ausgangspunkt auf dem Blatt, d. h. wo es zu zeichnen beginnt, die Striche, die es auf dem Papier hinterläßt, den Druck, den es auf das Blatt ausübt, und schließlich die Form, die die darauf hinterlassenen Zeichen annehmen.

1. Fingergriff

Wirkt der Fingergriff locker oder verkrampft? Im ersten Fall ist er Ausdruck einer freien und entspannten Motorik; im zweiten weist er auf eine Muskelkontraktion hin, welche als Folge von Spannungen unterschiedlicher Herkunft einzuschätzen ist. Es empfiehlt sich zwar, dem Kind eine korrekte Handhabung des Stifts beizubringen, üben Sie jedoch keinen Druck oder Zwang aus. Zwanglosigkeit kommt dem gesamten neuromuskulären und psychomotorischen Apparat zugute.

2. Raum

Ein sehr volles Blatt vermittelt Zutrauen, Ausdehnung, Extrovertiertheit, Lust am Großwerden. Eine weitgehend leere Seite verrät einen ängstlichen, gehemmten, introvertierten und schüchternen Seelenzustand.

3. Ausgangspunkt

Normalerweise setzt das Kind im Blattzentrum an, analog zu seiner Selbstwahrnehmung, der zufolge es sich selbst als Mittelpunkt der Welt empfindet. Wenn dies nicht geschieht, so ist das auf gewisse Hemmungen oder auf Schüchternheit zurückzuführen. Es ist wichtig, daß das Kind in den ersten Lebensjahren sein natürliches Bedürfnis befriedigen kann, sich im Zentrum der Aufmerksamkeit seiner unmittelbaren Umgebung zu fühlen.

4. Strichführung

Sie kann sicher oder aber zittrig und unsicher ausfallen. Das signalisiert im ersten Fall, daß sich das Kind frei fühlt, sich zu bewegen, schmutzig zu machen, etwas zu erforschen oder zu malen. Im zweiten Fall deutet die Strichführung darauf hin, daß das Kind unentschlossen ist und Angst davor hat, sich selbst und seine Kleidung zu beflecken. Es hat Furcht vor Ablehnung und Schelte, was auf eine Erziehung hinweisen könnte, die der Sauberkeit zuviel Bedeutung beimißt.

5. Druck

Die graphische Gestik kann zart oder ausgeprägt sein. Ein kaum erkennbarer Strich verrät eine sensible Natur und entspricht einem ähnlichen Verhalten beim Spielen und im Alltag. Eine ausgeprägte Linienführung hingegen läßt auf viel Energie schließen, auf Vitalität und auf das Bedürfnis nach viel Bewegungsspielraum.

6. Form

Der Kreis, die Ecke, unterbrochene Linien und Pünktchen sind allesamt Ausdruck einer gewissen Weise, sich der Welt zu stellen, sich selbst wahrzunehmen und einzubringen.

1. Der Fingergriff

Was das Halten des Stifts betrifft, so ist es wichtig, das Kind daraufhin zu beobachten, mit wieviel Anstrengung oder andererseits mit wieviel Natürlichkeit es das Schreib- oder Malutensil in der Hand hält. Man muß nicht gleich an eine organisch oder funktionell gestörte Motorik denken, wenn die Handhabung des Stifts ungewöhnlich, sehr individuell oder auf den ersten Blick disharmonisch wirkt.

Denken Sie daran, daß die beste Handhabung eines Stiftes »ergonomisch« sein sollte. Das ist die Position, mit der in Hinblick auf die Schreibkraft die besten Ergebnisse bei minimaler Fingerermüdung erzielt werden. Eine ergonomische Handposition zeichnet sich aus durch eine mittelstarke Krümmung aller Finger, die im Idealfall einen sphärischen Hohlraum auf der Handinnenseite entstehen läßt.

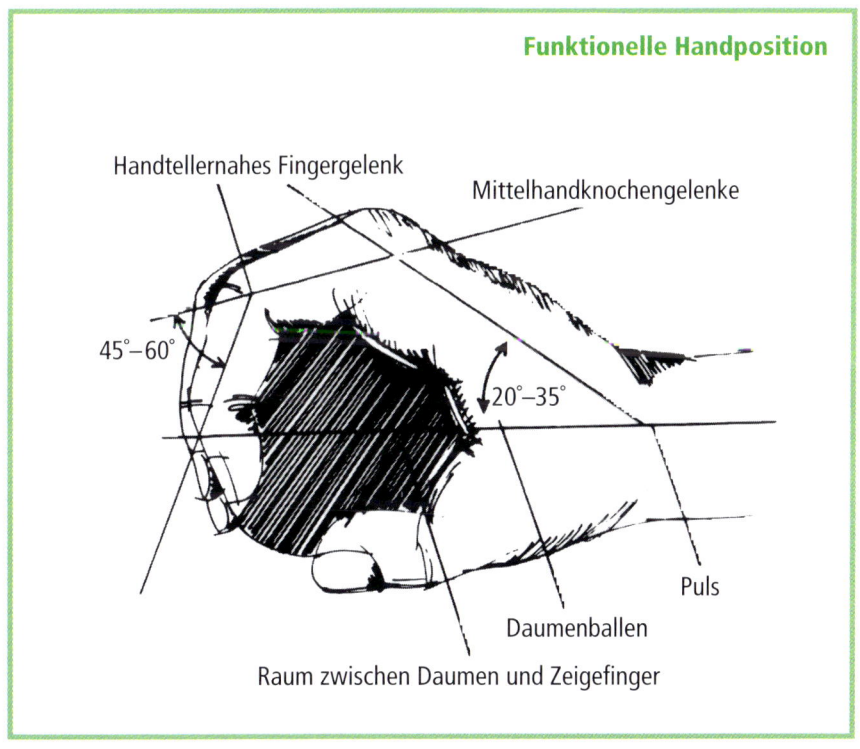

Funktionelle Handposition

Handtellernahes Fingergelenk

Mittelhandknochengelenke

45°–60°

20°–35°

Puls

Daumenballen

Raum zwischen Daumen und Zeigefinger

Mit diesem idealen Handgriff kann man lange schreiben ohne zu ermüden. Es gibt jedoch zahlreiche Varianten, die gleichermaßen zum korrekten Schreiben und Malen befähigen. Insbesondere beim Kleinkind, das zum ersten Mal zum Pinsel oder Stift greift, sollte eine anomale Fingerhaltung als der Versuch verstanden werden, eine ideale Methode zu finden, um den Stift zwischen den Fingern zu halten. Sie sollten erst sehr viel später, zwischen 8 und 12 Jahren, wenn das Nervensystem weiter ausgereift ist, dazu übergehen, die anomale Handhabung eines Schreibutensils zu überwachen und eventuell zu korrigieren.

Das Gleiche gilt für die Wahl zwischen rechter und linker Hand. Sie sollte so spontan wie möglich ausfallen und der natürlichen Tendenz des Kindes (der physiologischen Seitenlastigkeit) entsprechen. Jeder Zwang behindert eine harmonische psychomotorische Entwicklung und kann zu Hemmungen, zur Verlangsamung oder Störung der Entfaltung jener Fähigkeiten führen, die das Schreiben, Malen und auch das Sprechen betreffen.

Bild 7

2. Der vereinnahmte Raum

Um ein Kinderbild verstehen und entziffern zu können, muß man den kreativen Impuls vorurteilsfrei nachempfinden, der ein Kind dazu treibt, einen Stift zur Hand zu nehmen und damit auf informelle Art auf dem Papier zu rotieren: Es erforscht dadurch den Raum und versucht, sich mit ihm zu messen.

Ein Kind führt seine Bewegungen frei von Hintergedanken aus und bemalt das Blatt mit fast tänzerischer Leichtigkeit. Auf diese Weise äußern sich sein Temperament, seine Gefühlswelt, die Bewegungen, die es beherrscht, der Rhythmus, den es einzuhalten vermag, und schließlich seine Vitalität.

Der Stift, den eine kindliche Hand führt, gehorcht einem klaren Willensbefehl und macht damit all das sichtbar, was das Kind in seinem Inneren empfindet. Die Intensität des Lebensimpulses schlägt sich im zeichnerischen Akt nieder, der einer freien, lebendigen und universellen Geste gleichkommt.

Die räumliche Vereinnahmung geht oftmals über die Grenzen des Blattes hinaus. Die Geste kann aber auch, ganz im Gegenteil dazu, nur gerade eben sichtbar werden. Oftmals verläuft eine solche Zeichnung dann kritzelnd nach oben und entfaltet sich erst im unteren Blattbereich in ihrem vollen Umfang, ganz nahe beim Kind. In einem solchen Fall will das Kind gar nichts darstellen. Es beabsichtigt nur, das auszudrücken, was es in sich spürt.

Der amerikanische Maler Jackson Pollock meint: »Ich arbeite weder mit zeichnerischen Spuren noch farbigen Entwürfen. Meine Malerei ist unmittelbar... Die Art und Weise, wie man malt, ist der natürliche Ausdruck eines Bedürfnisses. Ich möchte meine Gefühle nicht abbilden; ich möchte ihnen Ausdruck verleihen.«

Wenn ein Kind das gesamte Bild mit **runder Gestik** (Bild 8) bemalt, dann kommt dadurch ein extrovertiertes Temperament ans Licht, d. h. ein Naturell, das es dem Kind erlaubt, gut mit seinem Umfeld und allem, was es umgibt, zu Rande zu kommen. Es hat ein raumergreifendes Wesen und benötigt deshalb viel Platz, um im dynamischen Spiel sein Energiepotential entladen und viele verschiedene Dinge um sich herum ergründen zu können. Durch seinen fröhlichen, heiteren, großzügigen und geselligen Charakter fliegen einem solchen Kind die Sympathien nur so zu. Doch es stellt auch Ansprüche: Es sucht nach Zustimmung und Bestätigung, möchte Streicheleinheiten oder ein Lächeln erhaschen. Es projiziert sich nach außen und versucht, viele Freunde um sich zu scharen. Seine Vitalität spornt es an und hält es unaufhörlich auf Trab. Die ständige Gegenwart der Eltern ist hier nicht erforderlich, vielmehr verspürt dieses Kind das Bedürfnis, mit Gleichaltrigen zusammenzusein.

Bild 8

Solche Feststellungen zum Charakter Ihres Kindes helfen Ihnen nicht nur, es besser zu verstehen, sondern weisen Ihnen auch die Richtung, in die Sie Ihre Erziehung lenken müssen: Indem Sie z. B. den Kontakt zu Spielkameraden fördern oder indem Sie ihm den notwendigen Raum zugestehen, um seine charakteristische Vitalität auszuleben. Auf diese Weise vermeiden Sie, daß das Kind melancholische Anwandlungen überkommen oder dieser permanent-rasende Bewegungsdrang von ihm Besitz ergreift, der Sie mehr als ein Mal zu dem typischen Kommentar verleiten dürfte: »Du hältst aber auch nie still!«

Wer hingegen mit **Ecken, Spitzen** und **verhaltener Gestik** zeichnet, enthüllt ein introvertiertes Temperament (Bild 11). Das Wesen eines solchen Kindes verlangt nach begrenzten sowie sicheren und beschützten Räumen. Seine Energie richtet dieses Kind darauf, sich einige wenige, ausgewählte Spiele auszudenken, womit es schon zufrieden ist. Es muß nicht unbedingt viele Freunde haben, seine Interessen sind jedoch vielfältiger Art.

In diesem Fall handelt es sich um ein Kind, das das Durcheinander nicht besonders liebt. Deshalb bringt es nichts, es ins kalte Wasser zu stürzen, indem man es einfach mit anderen Kindern ins Gewühl treibt. Vielmehr sollten Sie seine Introvertiertheit respektieren. Sie ist Teil seines Charakters und hat gar nichts mit Traurigkeit, Melancholie, Verschlossenheit oder Kommunikationsunfähigkeit zu tun. Ihre gewissermaßen »verfassungsbedingte« Basis ist eine Schüchternheit, die nicht etwa einer falschen Erziehung zuzuschreiben, sondern vielmehr auf eine grundlegende Sensibilität zurückzuführen ist, die das Kind dazu verleitet, seine Umwelt als innere Stütze zu begreifen und zu nutzen.

Bild 9

3. Der Ausgangspunkt der Zeichnung auf dem Blatt

Wenn ein Kind zu zeichnen beginnt, ist es normal, daß es im Blattzentrum ansetzt. Es drückt damit seinen natürlichen Egozentrismus aus und unterstreicht dadurch sein Wohlbehagen, seine Heiterkeit und die Freude darüber, daß es im Mittelpunkt des Interesses der Großen steht. Für ein Kind gibt es kein angenehmeres Gefühl!

Wenn die Zeichnung an der Blattperipherie anfängt, so könnte das Hinweis auf Hemmungen oder ein Gefühl der Entfremdung sein, die das Kind in Hinblick auf sein Umfeld verspürt. Es fühlt sich davon zurückgehalten, etwas inspizieren, absuchen oder einen Platz einnehmen zu dürfen, der ihm zusteht. Es fühlt sich daran gehindert, seine Gefühle auszuleben.

Wenn man beim Malen entweder rechts oder links auf dem Blatt beginnt, dann drückt das bestimmte Eigenschaften aus: im ersten Fall das Bedürfnis, dem Glückszustand der Vergangenheit verhaftet zu bleiben, d. h. dem Mutterleib. Im zweiten Fall äußert sich dadurch Lust am Großwerden, auf andere zuzugehen sowie Freundschaften auszuprobieren.

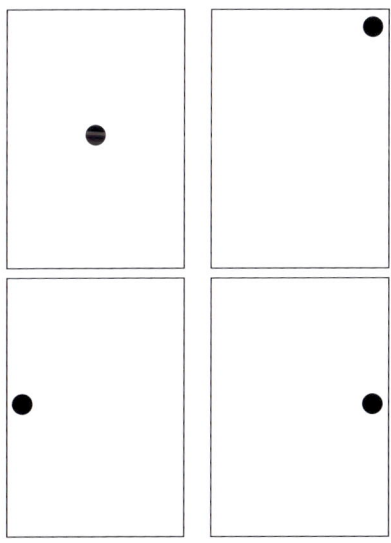

4. Die Strichführung

Die Strichführung kann regelmäßig, d. h. sicher und flüssig, oder unregelmäßig, d. h. unsicher und zerstückelt, ausfallen.

Die **regelmäßige** Strichführung (Bild 10) kennzeichnet das Bild eines Kindes, das sich seiner Zuneigung sicher ist und der Realität mit Begeisterung begegnet. Es hat keine Schwierigkeiten damit, sich an eine außerfamiliäre Umgebung, z. B. an eine Kindergartengruppe, anzupassen, und tritt spontan und direkt mit anderen Kindern in Kontakt.

Bild 10

Die **unregelmäßige** Strichführung (Bild 11) hingegen deutet darauf hin, daß das Kind Angst davor hat, sich von der Familie zu lösen und anderen zu begegnen. Meistens handelt es sich um ein schüchternes Kind, mit Anpassungsschwierigkeiten sowohl in Hinblick auf veränderte Situationen als auch auf neue Sozialkontakte. Möglicherweise legt es gar die Schule als einen Wunsch der Eltern aus, es von zu Hause fernzuhalten.

Bild 11

Die Merkmale der Strichführung zeigen Ihnen den Weg, wie Sie die Botschaft Ihres Kindes dazu benutzen können, um es mit Zärtlichkeit und physischer Zuwendung zu beruhigen und ihm genug Warmherzigkeit zu vermitteln, damit es seine Ängste überwindet. Die Sicherheit, die ihm die Mutter und die Erzieher geben können, ist eine Garantie für die emotionale Stabilität, die für seine Entwicklung äußerst gewinnbringend ist.

Ein Umfeld, auf dem unausgesprochene Sorgen und Befürchtungen lasten, flößt jedem Kind Angst ein. Es saugt Furcht in sich auf und fühlt sich in seinen Abhängigkeitsgefühlen so bestätigt, daß es nicht fähig ist, Vertrauen zur äußeren Realität aufzubauen. Die unregelmäßige, fragmentarische Strichführung weist genau auf diese Gefahr hin: Sie übermittelt die Botschaften der Angst und des Wunsches nach physischer Nähe zu den Eltern (welcher sich auch darin äußern kann, daß das Kind das Bedürfnis verspürt, immer wieder ins elterliche Bett zu schlüpfen).

Zweck der Beobachtungen ist stets, die reale Botschaft Ihres Kindes frühzeitig zu verstehen, damit Sie schnell und gründlich seine »Sprache« erlernen und sich darauf einlassen können.

5. Der Druck

Die **ausgeprägte Gestik** (Bild 12) vermittelt Ihnen das vitale Energiepotential Ihres Kindes, seine Art, der Realität zu begegnen, und die Sicherheit, die ihm seine Vitalität gibt. Sichtbarer Druck auf dem Papier markiert Widerstandsfähigkeit sowie das Vermögen des Kindes, seine Umgebung zu beherrschen. Eine starke psychophysische Energie erlaubt

Bild 12

es ihm, sich aktiv und dynamisch zu verhalten: Das Kind ist normalerweise ständig in Bewegung und findet im Spiel ein Ablaßventil für seine überschüssige Vitalität. Wenn Sie es darin bremsen, könnten Aggressionen in ihm entstehen, die sich auf alles entladen, was es umgibt: Gegenstände, Tiere, Spielsachen oder andere Kinder.

Die **zarte Linienführung** (Bild 13) entspricht einem besonders empfindsamen Individuum. Daher können bereits im Verhalten Hemmungen oder Schüchternheit zu registrieren sein. Ein solches Kind ist leicht ermüdbar; es benötigt Pausen und nur wenige Anregungen. Es hat Schwierigkeiten, mit seiner Umgebung unmittelbar in Kontakt zu treten. Die Erwachsenen sollten seine Aktivitäten begrenzen und es vermeiden, das Kind, gar mit Gewalt, in sportliche oder anders geartete Verpflichtungen zu nehmen, die ihm zu beschwerlich wären. Sie sollten die Einbildungskraft dieses Kindes, seinen Gefühlsreichtum und sein Bedürfnis nach gegenseitiger Zuneigung schätzen. Es handelt sich um ein zartes Kind, auch was Beziehungen angeht. Es kann Mißbilligungen aus seiner Umgebung schlecht wegstecken und meidet Konflikte. Wenn es sich mit der Aggressivität seiner Spielkameraden konfrontiert sieht, so verschließt sich ein solches Kind auf Grund seiner Schüchternheit schnell.

Bild 13

40

6. Die Form

In den **Kreis** projiziert ein Kind das erste ihm bekannte Bild hinein: das menschliche Antlitz. Später kommen Augen, Nase usw. hinzu, der Kreis nimmt Gesichtscharakter an und bekommt symbolische Bedeutung. Diese einfache geometrische Form ist Ausdruck kindlicher Anpassung, und so kann ein Erzieher, ob nun Elternteil oder Lehrer, an dieser graphischen Linie den Grad der Fähigkeit ablesen, in dem das Kind mit anderen gut auszukommt.

Wenn ein Kind mit kurviger Gestik (Bild 14) malt, so manifestiert es damit ein offenes und begeisterungsfähiges Wesen sowie den Wunsch nach Kommunikation. Eine kreisförmige Linienführung gilt als harmonisch, elastisch und spannungsarm, was mit einer unverkrampften Motorik einhergeht. Der Kreis ist wie ein »Ringelreihen« – ein Spiel, das eine wichtige Entwicklungsstufe einläutet.

Bild 14

41

Jedes Bild spiegelt das kindliche Bedürfnis wider, etwas festzuhalten, zu markieren und sich in einem vertrauten Bereich zu bewegen. Diese Vertrautheit erlangt das Kind allmählich auch auf dem Papier, welches nichts anderes als ein symbolischer Raum ist, innerhalb dessen Grenzen man sich bewegt. Wenn Kinder also problemlos drauflos malen, dann haben sie in der Regel einen geselligen, anpassungsfähigen, heiteren, sicheren und offenen Charakter.

Ein **Winkel** bedeutet Anspannung, Widerstand sowie das Bedürfnis, bedingungslos versorgt zu werden. Die eckige Linienführung (Bild 15) weist auf eine Verletzung hin, die dem Kind widerfahren ist. Sie belegt jedoch auch eine Anspannung, die möglicherweise auf andere Faktoren zurückzu-

Bild 15

42

führen ist: etwa auf ein besonders sensibles oder schüchternes Naturell, das ständig nach Unterstützung verlangt und Anpassungsschwierigkeiten in ungewohnten Situationen mit sich bringt (z. B. bedingt durch die Geburt eines Geschwisterchens oder den Eintritt in den Kindergarten). Es handelt sich um Schwierigkeiten, die besonders introvertierte Kinder betreffen und die absolut normal sind. Wichtig ist, daß Sie wissen, daß Ihr Kind mit Hilfe seiner Zeichnung ein Unbehagen, Furcht oder einen bestimmten Eindruck kundtun möchte, den es anders nicht zum Ausdruck bringen kann.

Manchmal reicht es, daß Sie eine Pflichterfüllung oder Anstrengung von Ihrem Kind verlangen, wenn es eigentlich müde ist und Ihren Anforderungen nicht genügen kann. Dann bekommt es Angst, Ihre Liebe zu verlieren, und fühlt sich unwohl. Es handelt sich um eine legitime Reaktion, solange keine dauerhafte Furcht ins Spiel kommt.

Die Notwendigkeit, neue Erfahrungen zu sammeln, wie die der vorübergehenden Trennung von der Mutter, kann vom Kind als Zurückweisung oder als Einschränkung Ihrer Zuwendung verstanden werden, insbesondere, wenn sie von der Geburt eines Geschwisterchens begleitet wird. Das Kind entsendet seine Botschaft dann mit wütend wirkender, gereizter Gestik.

Ein Bild voller Spitzen und Ecken impliziert Unruhe, kann aber auch auf einen Kampf hindeuten, den es zu erdulden gilt, um die eigene Autonomie zu erlangen. Das Kind spürt die Loslösung von jener sicheren und angenehmen Welt, die ihm die Familie bedeutet, und stellt sich den Herausforderungen des Wachstums, auch wenn es dabei Schmerz in Kauf nehmen und um Hilfe bitten muß. Entscheidend für Sie ist, daß es Sie mit seiner graphischen Geste um Unterstützung, Bestätigung, Sanftmut und Verständnis ersucht.

Ein Bild, in dem **Punkte** und **kurze Linien** hie und da verteilt auftauchen (Bild 16), verrät ein gewisses Drängeln, ein dezidiertes Anklopfen an die »Tür der Kommunikation«, wobei Angst das Klopfen motiviert. Die Botschaft, die diese bildliche Äußerung enthält, ist Angst, allein gelassen zu werden. Das Kind bangt darum, daß die angesprochene Person, insbesondere die Mutter, verschwinden und es nicht mehr beschützen könnte.

Bild 16

Wenn die Mutter bzw. deren Stellvertreterin das Kind beruhigt, so verschwindet diese Befürchtung wieder. Geschieht jedoch das Gegenteil, dann steigert sich die kindliche Gemütsverfassung in eine quälende, existentielle Angst hinein. Dieses Gefühl kann in dem Kind auch dann entstehen, wenn es aus gesundheitlichen Gründen zum Fasten oder zu einem Krankenhausaufenthalt gezwungen ist. Es besitzt noch nicht die Fähigkeit, zwischen dem, was gut tut, und dem, was schadet, zu unterscheiden.

Ein gefühlsbetontes Kind hat oft nicht genug Selbstvertrauen und fühlt sich daher immer wieder frustriert. Indem

Sie es positiv bestärken, helfen Sie ihm, mit den eigenen Gefühlen ins Reine zu kommen sowie Selbstachtung aufkeimen und die nötige Ruhe einkehren zu lassen.

Wenn ein Bild mehrere **unterbrochene Linien** (Bild 17) aufweist, so äußert sich darin die Furcht, sich vom Gegenstand kindlicher Begierde trennen zu müssen, womit die Mutter, der Vater, das Haus, bestimmte Spiele oder auch Geschwister gemeint sein können.

Bild 17

Manchmal reicht eine Nichtigkeit aus, um ein Kind in Aufregung zu versetzen. Wenn sich die Person, die ihm Schutz und Sicherheit verheißt, entfernt, weint das Kind und verlangt nach deren Anwesenheit. Ein aufgewühlter Gemütszustand ergreift von ihm Besitz, und Verlustängste beherrschen sein Inneres.

Eine eckige Linienführung, die von unterbrochenen Strichen hervorgehoben wird, ist ein Zeichen für Wut, weil man etwas nicht bekommen kann oder Angst hat, etwas zu verlieren.

Ein Bild, das die Form eines **Knäuels** (Bild 18) annimmt, deutet auf ein Trauma hin, auf die Angst, hinauszugehen

Bild 18

oder hervorzutreten: Das Kind wickelt sich – ähnlich wie in der Gebärmutter – ein, um sich vor bösen Schlägen oder unangenehmen Handlungen zu schützen. Die Geburtsarbeit ist nicht das einzige traumatische Erlebnis eines Säuglings. Das Neugeborene durchlebt nach seiner Geburt eine enorme Veränderung und ist einer Flut äußerer Reize ausgesetzt. Wenn diese Erfahrung nicht von einem Wohlgefühl kompensiert wird, kann das anfängliche Trauma anhalten und gravierende Spuren hinterlassen.

Das trifft auf die Abbildung auf der vorangehenden Seite zu: Sie spielt auf eine zusammengerollte Körperhaltung an. Sie läßt einen Hang zur Verschlossenheit erkennen (auf Grund des Leidens) und sendet einen Hilferuf aus, um das verwickelte »Knäuel« der persönlichen Erfahrung zu entwirren.

Indem Sie das Unbehagen Ihres Kindes mit Hilfe seiner Zeichnung registrieren und kennenlernen, tun Sie bereits einen ersten Schritt, um zu vermeiden, daß das Kind ihm schädliche Schutzmechanismen aufbaut.

Vom Kleinkindbild zur Zeichnung

(3 BIS 4 JAHRE)

Eine neue Phase bricht an

Nachdem Ihr Kind in einer ersten Phase graphische Erfahrungen gesammelt hat, erarbeitet es sich parallel zur allgemeinen Ausreifung der psychomotorischen Struktur mindestens zwei Arten des Ausdrucks, nämlich Formen und Figuren. Diese kommentieren und begleiten die Kinder mit Worten, über die sich die Erwachsenen manchmal bestürzter zeigen als Gleichaltrige. Es handelt sich um eine komplexe und durchstrukturierte Form der Kommunikation, die das Kind aktiv miteinbezieht, erscheint ihm die Welt doch symbolisch beherrschbar, wenn es sie in die Grenzen seines Blattes zwängen kann. So äußert es seine Gefühle, Wut, Eifersucht, Liebe, Leidenschaft sowie seine Wünsche. Es dirigiert nach Belieben seine Figuren, schließt sie aus dem Bild aus, vergrößert sie, streicht sie durch oder radiert sie weg...

Das Kind setzt seine Allmacht von Natur aus voraus. Wenn die Mutter, der Vater oder die Lehrerin dann Bewunderung für das, was es tut, zeigen, so entsteht oder wächst in ihm ein Gefühl der Sicherheit und Autonomie.

Die verbale Umschreibung des Kinderbildes stellt, zusammen mit der darstellerischen Absicht und der Perfektionierung der Formen, den ersten wichtigen Schritt in die Richtung eines ausgereiften zeichnerischen Könnens dar.

Formen und Figuren

In den Kinderzeichnungen von drei- bis vierjährigen Kindern kann man normalerweise zwei Darstellungsweisen unterscheiden: Formen und Figuren.

Die Formen

Formen ergeben sich direkt aus dem freien Entwurf eines Bildes und erlauben es dem Kind, das papierne Umfeld besonders bewußt und sicher zu erforschen.

Freie Zeichnung

Bild 19

So entstehen neue, komplexe Formen. Das Kind arbeitet einfache Grundformen stärker heraus. Es kommt zu originellen Überschneidungen, die sich wiederholen können, wobei zunehmend ausgesuchte und persönliche Strukturen entstehen. All das setzt eine gewisse Geschicklichkeit voraus, die sowohl auf gewohnheitsmäßiges Zeichnen als auch auf echte Fähigkeiten und wahres Talent zurückzuführen ist. Deshalb ist auch der Kindergartenbeginn die Zeit, in der folgende Veränderungen im Zeichnen stattfinden.

Das Kind probiert geometrische Formen aus: Es neigt dazu, einfache Formen geordnet zu wiederholen, Schnörkel zu zeichnen und Szenen zu konstruieren, in denen sich reale oder eingebildete Figuren bewegen. In diesen Szenen kann alles vorkommen, sofern das Geschehen mit dem Leben und mit den Erfahrungen, die das Kind gerade emotional beschäftigen, tief verwurzelt ist.

Indem das Kind frei und beherrscht über das Blatt fährt, experimentiert es mit dem Leben: Es lernt die Richtungen kennen, oben und unten, rechts und links, vorwärts und rückwärts sowie vorher und nachher. Indem es immer persönlicher und komplexer werdende Formen realisiert, bildet das Kind spezialisierte und zweckgebundene Fähigkeiten aus, die seiner ganzen Reife zugute kommen.

Die Figuren

Zeichnerische Figuren basieren auf einem kindlichen Drang nach Perfektion und einem aufkeimenden Sinn fürs Ästhetische. Nur Selbstkritik vermag die darstellerische Unmittelbarkeit zu bremsen. Das Kind versteht, daß die anderen sein Bild umso treffsicherer interpretieren und zu schätzen wissen, je näher die Zeichnung an die Wirklichkeit heranreicht, die es abzubilden beabsichtigt.

So schmückt das Kind die menschliche Gestalt, wie noch zu sehen sein wird, mit Details aus, die jener körperlichen

Ein Eis

Bild 20

Vorstellung entsprechen, welche das Kind sich erarbeitet und auf das Blatt übertragen hat.

Das Haus weist Spuren von Leben auf, die entweder einhergehen mit einer Fülle von Einzelheiten oder einem Eindruck des Verlassenseins, wenn es nackt und ungeschmückt dargestellt ist. Der Baum nimmt ganz unterschiedliche Formen und Dimensionen an. Er kann mit hinzukommenden Elementen angereichert werden, z. B. mit einer Sonne, Vögeln, Wölkchen, Blumen oder Gras.

Ihr Kind malt aber vielleicht auch ausgefallenere Dinge wie Autos, Flugzeuge, Panzerwagen..., und daraus entstehen dann komplexe Bilder, die das Familienleben, Jagd- oder Kriegsszenen wachrufen.

Das Blatt als Bühne

Das Kind benutzt das Blatt als Bühne, auf der es sich mit Hilfe des Stifts bewegt. Es bildet auf dem Papier – fast wie im Film – sowohl Eindrücke aus dem täglichen Leben ab als auch regelrechte Phantasievorstellungen.

Bild 21

Die Zeichnungen von kleinen Jungen betreffen öfter Jagd- oder Kriegsszenen (Bild 22), während die Mädchen mit Vorliebe Bilder aus dem Familien- oder Landleben malen (Bild 21). Diese geschlechtsbezogene Zuordnung scheint den Wandel der Zeiten und die gesellschaftlichen Rollenveränderungen zu überdauern.

Bild 22

Roboter & Co.

Das In-Erscheinung-Treten von »mechanischen« Motiven, Figuren und Zeichnungen, die bis vor einigen Jahrzehnten noch nicht vorkamen, gibt Anlaß für ein gesondertes Kapitel zu dieser Problematik. Sie betrifft sowohl die drei- bis vierjährigen als auch größere Kinder.

Das Auto (Bild 23) gilt in unserer Gesellschaft als ein Symbol für Geschwindigkeit und Macht.
Meistens malen es Jungen, indem sie den Vater oder sich selbst am Steuer abbilden.

Bild 23

Wenn ein Kind wiederholt Autos malt, bedeutet das, daß
es versucht, seine Kräfte zu messen sowie seine Unabhängigkeit in Relation zur äußeren Wirklichkeit zu erproben: Es
signalisiert den Wunsch nach Selbstbestimmung. Das Kind
verspürt das Bedürfnis, sich von unterdrückerischen Model-
len zu lösen oder auch von allzu kindischen Spielkameraden,
um schnell »groß« zu werden.

Ein Kahn, Boot oder Schiff (Bild 24) verweist einerseits auf
das Bedürfnis zu fliehen und andererseits darauf, beschützt
werden zu wollen.

Bild 24

Ein Schiff gleitet über das Wasser, und die Botschaft, die
das Kind mit seinem Bild an Sie richtet, ist die, daß es von
den »mütterlichen Wellen« geschaukelt werden will. Dieses
Kind ist sensibel und bedarf der Absicherung. Es zeigt sich
allen Einschränkungen und Zwängen gegenüber sehr un-
leidlich, die es ihm verbieten, seine Phantasien auszuleben.

Den Panzerwagen (Bild 25) sucht sich ein Kind als Ausdruck der Kraft aus, die es braucht, um sein zerbrechliches Innenleben zu beschützen.

Ein Panzer bedeutet Aggressivität: Das Kind hält sich bereit, um seine »Kanone« auf jeden zu richten, der – ob in seiner Einbildung oder reell – seine Empfindlichkeit anzutasten wagt.

Bild 25

Es kann sich aber auch um ein Anzeichen für Furcht oder Sorge handeln, um Angst vor den Erwachsenen. Sie müssen den Charakter des Kindes festigen, um es schrittweise zur Selbstbestimmung zu führen, ohne jedoch die Schübe zu unterdrücken, die sein Alter mit sich bringen mag. Denken Sie daran, daß der Panzerwagen nicht nur ein Angriffs-, sondern auch ein besonders gutes Verteidigungsmittel ist.

Ein Flugzeug oder eine Rakete (Bild 26) verfügen über ähnliche Eigenschaften wie ein Auto oder ein Schiff: Sie zeigen das Bedürfnis an, sich zu bewegen, etwas zu erkunden, vom Himmel und von phantastischen Welten zu träumen.

Bild 26

Das Flugzeug ermöglicht wie ein Auto einen Austausch. Es wird von Kindern gezeichnet, die gerne über sich reden, die die Wirklichkeit aufblähen und Geschichten erfinden, die jeden verblüffen und leider nur allzuoft seitens der Erwachsenen als Lügenmärchen abgetan werden. Dabei sind sie – jedenfalls bis zu einem gewissen Alter – in Wirklichkeit nicht mehr und nicht weniger als das Produkt eines natürlichen egozentrischen Exhibitionismus. Ein Kind, das wiederholt Flugzeuge malt, ist meist ein Träumer, der Freundschaften und spirituelle Dinge liebt und nicht sehr praktisch veranlagt ist. Aus diesem Grund tun Sie gut daran, es ab und zu wieder auf den Boden der Tatsachen zurückzuführen.

Heutzutage sind auch oft **Roboter und Marsmenschen** (Bild 27) auf Kinderbildern zu finden. Sie drücken eine solide Beschaffenheit, praktische Veranlagung und Fleiß des Kindes aus.

Bild 27

Ein Kind, das solche »metallischen Menschen« malt, ist konkret, realistisch, auch gefühlsmäßig solide. Es gibt allerdings – wie bei jedem Symbol – auch hier eine Kehrseite der Medaille: Solche Bilder lassen auf ein reaktives Moment schließen, auf eine Abkehr von der Welt der Erwachsenen und ein Abreißen der Kommunikation, die nur noch bruchstückhaft aufrechtzuerhalten ist. Sie sollten das Kind deshalb gefühlsmäßig unterstützen, damit es wieder ins Gleichgewicht kommt.

Tierbilder

Versuchen Sie einmal, Ihr Kind dazu zu bringen, ein Tier zu malen. Seine Wahl kann Ihnen neue Aspekte seines Wesens eröffnen oder versteckte Sehnsüchte aufdecken.

Katze

Ein Kind, das eine Katze malt, zeichnet sich durch die Grundeigenschaften der Freundlichkeit und gleichzeitigen Schläue aus. Artig und eher unterwürfig, liebt es die Ruhe. Seine Aggressivität verschleiert dieses Kind durch lautlose Gesten. Aber reizen Sie es nicht zu sehr, es könnte Ihnen sonst schnell die Krallen zeigen. Seine Gesellschaft ist anderen stets angenehm, und so genießt es einen hohen Beliebtheitsgrad bei Gleichaltrigen. Es strahlt Vertrauen aus und verfügt über intellektuelle Neugier, Lebhaftigkeit und Schlagfertigkeit, die es ihm ermöglichen, sich als »demokratischer Führer« einer Gruppe zu behaupten.

Hund

Wer sich dazu entschließt, einen Hund zu malen, hat einen gutmütigen Charakter, ist treu und emotional abhängig von dem, der ihm zur Seite steht. Die Großzügigkeit eines solchen Kindes baut auf dem Bedürfnis auf, viele Freunde um sich zu scharen, um mit ihnen zu spielen und Spaß zu haben. Es ist ein Kind, das Feste liebt. Gelingt es ihm nicht, die Sympathie anderer für sich zu gewinnen, wird es trübsinnig, traurig und regelrecht melancholisch. Obwohl es normalerweise großmütig ist, kann es bei besonderen Anforderungen zu Widerständen kommen, die jedoch schnell wieder verschwinden. Ein typisches Merkmal solcher Kinder ist die Fähigkeit, Personen auf Anhieb zu erkennen und somit auch zu verstehen. Aus diesem Grund können sie gute Detektive, Diagnostiker, Polizisten, Psychologen oder Forscher abgeben.

Schlange

Eine Schlange suchen sich Kinder sehr selten spontan für ihr Bild aus. Sie ist ein sexuelles Symbol und wird als ein magisches Tier angesehen, weil sie durch ihre Häutung in der Lage ist, ihr Äußeres zu verändern. Leicht nachvollziehbar, daß dieses Tier in den Entwicklungsjahren in Erscheinung tritt: Auch das Kind verändert sein Äußeres durch das Wachstum und wandelt sich sowohl äußerlich als auch innerlich. Was sein Temperament angeht, so verfügt ein Kind, das gerne Schlangen malt, über die Gabe, geschickt kalkulieren zu können und eine gewisse Vorsicht walten zu lassen. Es zeigt seine Gefühle nicht offen, hat ein gutes Gedächtnis und spricht nicht viel. Bevor es redet, studiert es sein Gegenüber gewissenhaft. Für gewöhnlich hat dieses Kind Sinn für Verantwortung und genug Charakterstärke, um alle Hürden zu nehmen.

Raubtiere

Die Grundeigenschaft von Kindern, die Raubtiere malen möchten, ist die Aggressivität, die sie insbesondere dafür einsetzen, um Hindernisse zu überwinden. Dieses Kind zeigt meistens ausgeprägte Verhaltensweisen, was es zu einem gewieften Verführer macht. Es ist impulsiv, lebhaft und stolz, strebt pausenlos nach Unabhängigkeit und spielt nur ungern die Rolle eines Mitläufers. Wenn gerade das von ihm verlangt wird, dann wird es lieber ungesellig und verschlossen. Ein Kind, das oft und gerne Raubtiere malt, weist auf die Anwesenheit einer gefürchteten oder allzu anspruchsvollen Autorität in seinem Leben hin.

Affen

Die Darstellung von Affen legt eine unschuldige und gleichzeitig gerissene Intelligenz bloß. Dieses Kind wird auch als Erwachsener noch eine Aura der Unschuldigkeit umgeben und eine außerordentliche Geschicklichkeit auszeichnen. Es wird sich selber über seine Erfolge wundern, die in Wirklichkeit das Ergebnis eines optimistischen Charakters, einer gehörigen Portion Selbstwertgefühl und seiner Intuition sind. Im allgemeinen interessiert sich ein Kind, das sich für die Abbildung eines Affen entscheidet, für viele verschiedene Sachen. In der Tat eröffnet ihm seine Vielseitigkeit viele Berufsmöglichkeiten, die nur nicht statisch und eintönig sein dürfen.

Pferd

Ein Pferd versinnbildlicht Energie und Schnelligkeit, auch in sexueller Hinsicht. Ein Kind, das mit Vorliebe Pferde zeichnet, weist eine überraschende Unermüdlichkeit auf, eine mitreißende Vitalität, Frohsinn und Unbefangenheit. Es liebt den »Auslauf« im weiten Raum und verbringt deshalb gern viel Zeit an der frischen Luft. Da es seine Freiheit braucht, erträgt es keine Hindernisse, die sich seinem Galopplauf in die Freiheit und ins Leben entgegenstellen könnten. Wird ein solches Kind dazu gezwungen, in einer geistig eingeschränkten Umgebung zu leben, so fühlt es sich, als habe man ihm Zaumzeug und Geschirr angelegt. Das Stimmungsbarometer steht dann auf Null! Da dieser kindliche Typus ein guter Redner ist und passende Entscheidungen trifft, kann aus ihm leicht ein erfolgreicher Geschäftsmann (oder eine ebensolche -frau) werden.

Drache

Der Drache ist ein Machtsymbol. Ein Kind, das einen Drachen malt, hat ein willensstarkes Temperament, nimmt seine Pflichten mit dem nötigen Ernst wahr und löst mit Mut und Courage selbst vertrackte Situationen auf. Im allgemeinen ist es geistig rege und verfügt über eine gute Intuition. Es ist offen, gesellig und etwas durchschaubar in seinen Handlungen, meistert jedoch mit Hilfe seines Optimismus alle Schwierigkeiten, die sich ihm stellen. Es muß unbedingt vielen Interessen nachgehen können, um seine inneren Stärken weiterzuentwickeln. Ein eingeschränkter Bewegungsraum macht es aggressiv und verleitet es dazu, auf alle, die um es herum sind, »mit Feuer zu spucken«.

Fische

Der Fisch ist ein Phallussymbol, aber auch Zeichen für Frohsinn und Freude. Kinder, die gerne und oft Fische malen, haben ein lustiges, heiteres und phantasievolles Gemüt. Sie sollten darin unterstützt werden, mehr Selbstbestimmung an den Tag zu legen, damit sie keine leichte Beute für durchtriebene Geister werden.

Vögel

Vögel (Bild 28) verkörpern das natürliche Bedürfnis des Kindes, gestreichelt und behütet zu werden. Das Kind sucht aber auch außerhalb der familiären Schutzzone nach einem Raum, in dem es sich bewegen und Freundschaften schließen kann, die ihm Nähe und Zärtlichkeit vermitteln.

Bild 28

DIE ZEICHNUNG

Gefühle malen

Ein Bild drückt die konkreten Regungen und Gefühle eines Kindes aus. Selbst eine flüchtige Skizze, ein Klecks, eine Blume ohne Blätter, kurz: eine scheinbare Belanglosigkeit verrät viel über die Welt, in der es lebt.

Mittels Analyse frei gemalter Bilder können Sie das verstehen, was Ihnen ein Kind über seine Eltern, seine Familie und sein Wachstum sagen möchte. Es »erzählt« Ihnen viel darüber, wie es sein Verhältnis zur Umwelt auffaßt, wie es sie begreift und gern gestalten würde.

Kinder erheben ihre Stimme in erster Linie mit Hilfe von Bildern: Die Sonne ist der Papa, das Haus die Mama, der Baum ist das Ich, die Figuren stellen die Familie dar...

Auch der Umgang mit Farben ist äußerst aufschlußreich, weil man darin die Lebenskraft und Gefühlswelt eines Kindes ablesen kann.

Allgemein läßt sich feststellen, daß das kleine oder bereits größere Kind dazu neigt, dem Baum, Haus, der Sonne, Blumen oder Tieren den Vorrang gegenüber etwaigen Motiven aus dem Fernsehen (Roboter, Monster usw.) zu geben. Damit lenkt es die Aufmerksamkeit der Erwachsenen mit gebieterischer Dringlichkeit auf sein Verlangen danach, die Wachstumsjahre in verbindender Innigkeit miteinander zu verleben. Das Kind verlangt ganz offensichtlich nach der Anwesenheit der Eltern und möchte gar nicht, daß die gemeinsam verbrachte Zeit im Nu verstreicht. Es sagt klar und deutlich, daß Vater und Mutter das Haus zum Arbeiten verlassen dürfen, daß sie sich aber, wenn sie zu Hause sind, um das Kind zu kümmern haben, Telefon oder Fernsehen beiseite lassen und ihm ihre ganze Aufmerksamkeit schenken sollen. Ob ein Bild all das ausdrücken kann? Und ob! Wenn die Sonne keine Strahlen hat, das Haus keine Fenster oder keinen rauchenden Schornstein, die Wolken schwarz sind und dunkle Tropfen hinabregnen lassen oder Ihnen ein Gesicht feuerrot entgegenblickt, dann teilt ein Kind dem Betrachter damit seine Niedergeschlagenheit und Melancholie mit. Die

Bilder verlagern ihre Bedeutungen jedoch je nach Alter, obwohl einige Grundregeln, die auf universelle Symbole zu-
rückgehen, bestehen bleiben. So ist es zum Beispiel normal,
daß im Bild eines Fünfjährigen der Hals fehlt, während das
auf die Zeichnung eines elf- oder zwölfjährigen Mädchens
keinesfalls mehr zutrifft.

Der Test mit der menschlichen Gestalt

Bildet ein Kind eine menschliche Gestalt ab, dann malt es unbewußt sich selbst und illustriert somit seine Wahrnehmung des eigenen Körpers und seine damit einhergehenden Wünsche. Meistens lassen sich Ähnlichkeiten zwischen dem abgebildeten Männchen und den Eigenschaften des jungen Urhebers feststellen.

Bild 29

Ist die menschliche Gestalt geschickt im Bild positioniert, ihre Form wohlproportioniert und das Ganze klar durchstrukturiert, so bedeutet das, daß das Kind sich harmonisch entwickelt und sich der Wirklichkeit, die es umgibt, gut anzupassen weiß. Zeichnet das Kind hingegen ein sehr kleines

Männchen ganz unten aufs Blatt, mit schwacher oder zittriger Linienführung, kann das bedeuten, daß es sich unterschätzt, wenig wert und seinen gleichaltrigen Kameraden auf jeden Fall unterlegen fühlt. Fehlen einige Organe oder Teile des menschlichen Körpers, radiert das Kind häufig, unterbricht es die Linienführung oft oder bringt es die Glieder nicht korrekt an, dann sind das Hinweise auf Unsicherheit, die der Erwachsene rechtzeitig erkennen sollte. Man kann daraus dann eine niederschmetternde Diagnose ableiten, besser aber sollten Sie in dem Kind Selbstachtung und Selbstvertrauen festigen: Dadurch vermeiden Sie, daß das Kind aus einem Minderwertigkeitsgefühl heraus seinen angeborenen und noch ganz zu entfaltenden Fähigkeiten die Flügel beschneidet.

Testdurchführung

Stellen Sie dem Kind folgendes zur Verfügung:

- ✔ einen Bleistift
- ✔ einen Radiergummi
- ✔ einen Bleistiftspitzer
- ✔ sieben Buntstifte (blau, grün, rot, gelb, lila, braun und schwarz)
- ✔ einige unliniierte Seiten Papier

Weitere Hilfsmittel wie Dreieck, Lineal, Zirkel usw. sind unzulässig.

Wenden Sie sich nun an das Kind: »Mal doch einmal eine menschliche Gestalt, die schönste, die du dir vorstellen kannst! Wenn du möchtest, darfst du auch die Buntstifte benutzen, die hier liegen.«
   Wie bei jedem Test sollte man es vermeiden, mit Sätzen dazwischenzufunken, die das Kind in seinen Entscheidungen

beeinflussen könnten. Sie dürfen es jedoch ermutigen: »Prima! Ja, weiter so!«

Auf mögliche Fragen des Kindes, wie es das Bild malen soll, antworten Sie etwa: »Mach, wie du meinst. Es ist vollkommen in Ordnung.« Am Schluß fordern Sie das Kind dazu auf, seinen Namen, sein Geburtsdatum und den Tag der Ausführung darauf zu vermerken. Falls es das noch nicht kann, übernehmen Sie diese Aufgabe.

Noch recht kleine Kinder könnten Schwierigkeiten damit haben, den Ausdruck »menschliche Gestalt« zu verstehen. Ihnen gegenüber drücken Sie sich besser so aus: »Mal einen Mann oder eine Frau oder einen Jungen oder ein Mädchen. Du darfst malen, wen du willst.«

Größere und einfallsreiche Kinder malen oft stilisierte Figuren etwa aus Comic-Heften. Dadurch umgehen sie es, Persönliches von sich preiszugeben. Diese Darstellungen sind als projektive Tests unbrauchbar, treffen aber eine eindeutige Aussage: Der Urheber möchte nicht, daß man ihm in die Karten schaut.

Setzen Sie Ihrem Kind für die Ausführung des Bildes keine zeitlichen Grenzen.

Das Kind darf jederzeit radieren oder das Gemalte verändern. Beachten und notieren Sie aufmerksam folgende Einzelheiten: In welcher Reihenfolge entsteht die Figur? Wie verhält sich das Kind und ist es spontan? Wieviel Zeit investiert es und wieviele Blätter Papier benutzt es?

Unsichere Kinder werden nach Vorbildern suchen, die sie nachmalen können, statt sich selbst Figuren auszudenken. Deshalb sollten Sie bei Gruppentests darauf achten, daß Sie die Kinder so weit wie möglich auseinandersetzen, damit die Chance, sich beim Nachbarn Anregungen zu holen oder ihm gar alles nachzumalen, so gering wie möglich gehalten wird. Beim Einzeltest müssen Sie kontrollieren, daß das Kind keine Bilder oder Illustrationen von menschlichen Figuren vor Augen hat, die es als Vorbild benutzen könnte. Falls das Kind sich dazu entscheiden sollte, den Prüfer, also Sie, zu porträtieren, so tun Sie gut daran, dies zu verbieten, wobei Sie natürlich einfühlsam vorgehen. Wenn es sich davon nicht abbringen lassen will, dann sagen Sie zu dem Kind, nachdem es die erste menschliche Gestalt zu Papier gebracht hat: »O.k., und jetzt mal eine Person, die du dir ganz alleine ausdenkst!«

Zeichnerische Entwicklungen

Der Test mit der menschlichen Gestalt erlaubt es Ihnen, einen groben, aber relativ korrekten Eindruck davon zu gewinnen, wie das psychophysische Wachstum des Kindes verläuft und welchen zeichnerischen Entwicklungsgrad es erlangt hat. Die folgende Tabelle gibt eine Übersicht über die Stationen dieser Entwicklung: Wie Sie sehen werden, gibt es hinsichtlich einiger Varianten der menschlichen Gestalt bemerkenswerte Unterschiede zwischen Jungen und Mädchen. Achtung: Die Angaben auf der Tabelle sind reine Richtwerte. Es ist durchaus möglich, daß ein Kind nicht alle Phasen dieses Entwicklungsmodells genau in der hier angegebenen Weise durchläuft.

Bild 30

Mädchen	Junge
3 Jahre	
Kopffüßler	Kopffüßler
4 Jahre	
Kopf	Kopf
Augen	Augen
Rumpf	Nach Vorlage
Arme	
Beine	
5 Jahre *wie oben, außerdem auch:*	
Nase	Nase
Mund	Langer Rumpf
Füße	Arme
Am Körper angebrachte Arme	Am Körper angebrachte Arme
Bunte Bekleidung	Am Körper angebrachte Beine
	Füße
	Bunte Bekleidung
6 Jahre *wie oben, außerdem auch:*	
Arme mit doppelter Linienführung	Realistische Gesichtsfarben
Langer Rumpf	Mund
Haare	Bleistiftumrisse
Beine mit doppelter Linienführung	Beine mit doppelter Linienführung

▶

Mädchen	Junge
Hose oder Rock Schuhe	Hose Arme mit doppelter Linienführung

7 Jahre
wie oben, außerdem auch:

Mädchen	Junge
Realistische Gesichts- farben Bleistiftumrisse Finger	Finger Schuhe

8 Jahre
wie oben, außerdem auch:

Mädchen	Junge
Ausgereifte Augenform Klar umrissener Rumpf Hals Proportionierte Arme Proportionierte Beine Korrekte Armhaltung Flexible Beinstellung Ärmel und Brustteil in der gleichen Farbe	Proportionierte Arme Proportionierte Beine

9 Jahre
wie oben, außerdem auch:

Mädchen	Junge
Ausgereifte Mundform Klar umrissener Hals Erkennbares Geschlecht Gürtel	Ausgereifte Mundform Ausgereifte Nasenform Klar umrissener Rumpf Erkennbares Geschlecht Korrekte Armhaltung

Mädchen	Junge

10 Jahre
wie oben, außerdem auch:

Mädchen	Junge
Erkennbares Alter	Erkennbares Alter
Schultern	Handfläche
Proportionierter Kopf	Flexible Beinformen
Handfläche	Natürliche Fußhaltung
Fünf Finger	Ausgereifte Augenform
Gleiche Breite der Augen	Ärmel und Brustteil in der gleichen Farbe

11 Jahre
wie oben, außerdem auch:

Mädchen	Junge
Ausgereifte Nasenform	Haare
Frisur	Hals
Natürliche Fußhaltung	Schultern
	Gürtel

12 Jahre
wie oben, außerdem auch:

Mädchen	Junge
Augen auf gleicher Höhe	Gleiche Breite der Augen
Pupillen	Pupillen
Drei Augendetails	Frisur
Augenbrauen	Proportionierter Kopf
Roter Mund	Personalisierte Figur

Bildanalyse

Das Bild einer menschlichen Gestalt müssen Sie analysieren, indem Sie einer bestimmten Vorgehensweise folgen, die es Ihnen erlaubt, die allgemeinen Aspekte der Persönlichkeit des Kindes zu erkennen. Dabei sollen auch jene Besonderheiten, die Ihnen dabei helfen zu verstehen, warum es sich in einer bestimmten Weise verhält, entdeckt werden.

Anordnung auf dem Blatt

Die Bildanordnung auf dem Papier stimmt mit einem Interpretationsgesetz überein, das der Ausdruck »räumliche Symbolik« andeutet. Diese Regel weist jeder Zone auf dem Blatt, welches für sich gesehen als »Raum« oder »Umgebung« aufzufassen ist, eine spezielle und präzise Bedeutung zu.

Um sichere Schlüsse aus der Positionierung der menschlichen Gestalt auf dem Papier zu ziehen, muß die ausgeführte Personenwahl des Kindes einer Gewohnheit entsprechen und darf auf kein Ereignis oder keine Einwirkung von außen zurückzuführen sein.

Teilen Sie das Blatt in Ihrer Vorstellung in neun Bereiche ein: Jeder Bereich markiert, sofern ihn das Kind gewohnheitsmäßig bemalt, eine Wirklichkeit, die seine natürliche Art, seine Neigungen und grundsätzliche Verhaltensweisen in Hinblick auf sein Leben und Umfeld charakterisiert.

	linker Bereich	mittlerer Bereich	rechter Bereich
oberer Bereich / Gedankenwelt	Erinnerung	Phantasie	Traum
mittlerer Bereich / Wirklichkeit / Aktuelles	Verbindung zum Ursprung	Egozentrik	In die Zukunft projiziertes Ich
unterer Bereich / Materielles	Angst	Unsicherheit	Wunsch
	Vergangenheit	Gegenwart	Zukunft

Welchen Bereich des Blattes sich ein Kind aussucht, um zu malen, hängt nicht nur von dessen psychologischer Konstitution ab, sondern auch vom Alter und speziellen Gemütszustand, der im Moment des Malens in seinem Inneren herrscht. Zum Beispiel signalisiert ein Bild, das oben links angeordnet ist, nicht nur die Neigung des Kindes, sich Erinnerungen hinzugeben, sondern auch Schüchternheit oder Hemmungen, die auf Grund soeben gemachter, negativer Erfahrungen entstanden sind: etwa durch eine Einweisung ins Krankenhaus, eine Krankheit, Gefühle der Verlassenheit oder auch nur übersteigerte Erwartungen seitens der Eltern oder Erzieher. Das Kind drückt auf diese Weise seinen Wunsch aus, vor der Verantwortung in der Gegenwart zu fliehen, indem es gedanklich in die Vergangenheit zurückkehrt.

Normalerweise ist jemand, der dazu tendiert, den linken Bereich des Blattes zu bemalen, unmittelbar im Ausdruck, mitteilsam, warmherzig und der Mutter besonders zugetan. Wer hingegen vorrangig die rechte Blattseite benutzt, hat sich im Griff, ist voll freudiger Erwartung darauf, groß zu werden, und eher dem Vater zugewandt.

Was die horizontale Einteilung betrifft, so bemalen kleine Kinder häufig die untere Zone, wo sie sich bis ins Alter von ungefähr drei Jahren »beschützter« fühlen. Ab circa sieben Jahre sind dann fast alle im zentralen Bereich aktiv.

Größe der Zeichnung

Die gesamte Größe der menschlichen Figur, die ein Kind auf Din-A-4-formatiges Papier zeichnet, steht in direktem Bezug zu seiner Selbstwahrnehmung, zu seinem Körpergefühl und zu dem Eindruck, den es von seiner Umgebung gewonnen hat. Die Größe ist vom höchsten Punkt des Kopfes, d. h. inklusive Haare oder Hut, bis zu den Füßen zu messen.

Kleine Figur. Sie bedeutet einen niedrigen Grad kindlicher Selbstwahrnehmung. Das Kind fühlt sich »klein«, neigt dazu, sich selbst zu unterschätzen und nicht an seine eigenen Kräfte zu glauben. Es fürchtet sich davor, mit anderen Kindern und überhaupt mit seiner gesamten Umgebung konfrontiert zu werden. Eine kleine Figur ist ein Zeichen von Schüchternheit (Bild 31).

Bild 31

Große Figur. Darunter ist eine menschliche Gestalt zu verstehen, die die Bildmitte horizontal überragt. Sie drückt Selbstsicherheit und -vertrauen aus, Extrovertiertheit und Überschwenglichkeit, die im Extremfall in Zudringlichkeit umschlägt (Bild 32).

Bild 32

Korrekte Größe. Hiermit ist eine Figur gemeint, die auf einem Din-A-4-Format ungefähr zwischen 8 und 18 cm mißt. Hierzu sei bemerkt, daß es hierbei bedeutsame Unterschiede in Hinblick auf Alter und Geschlecht gibt .

In den ersten Jahren (3–4 Jahre) neigen Jungen dazu, ziemlich große Gestalten zu malen. Dahinter verbirgt sich der eher vorschnelle als unbewußte Drang, ihrer zumindest physischen Überlegenheit zum Ausdruck zu verhelfen. Die Mädchen dagegen vergrößern ihre Figuren erst allmählich, indem sie sie gleichmäßig wachsen lassen. In der Pubertät malen Mädchen größere Menschen als es gleichaltrige Jungen tun, da das unbewußte Bedürfnis, anderen zu gefallen, erstarkt.

Das Wachstum des Figurenumfanges ist bei den Mädchen konstant, während sich den Jungen zwei kritische Lebensabschnitte stellen: im Alter um die 5 bis 6 Jahre sowie in der Pubertät. Dieses einzigartige Phänomen erklärt sich zweifellos durch eben diese beiden Phasen: Sie kennzeichnen die Entwicklung der emotional-gefühlsmäßigen sowie sexuellen Sphäre, die den Prozeß der männlichen Identitätsfindung begleitet. Die erste Phase geht einher mit der Entfaltung von Selbstbeherrschung, indem das Kind die elterlichen Vorschriften anerkennt: Hieraus ergibt sich eine bessere Bewußtwerdung seiner eigenen Person. Die zweite kritische Situation im Leben eines Jungen entsteht in der Pubertät. Sie ist motiviert von der Angst, erwachsen zu werden, sowie von der Furcht, sich von der Mutter lösen und auf die Privilegien verzichten zu müssen, die ihm die Kindheit bot: Es findet eine Regression statt, die sich durch Reduzierung der Größe menschlicher Gestalten bildlich niederschlägt. Dem füge man die für unsere Kultur typische Tatsache hinzu, daß Mädchen auch heute noch frühzeitig daran gewöhnt werden, sich selbst zu versorgen, während Jungen weniger autonom sind.

Proportionen

Die Proportionen betreffen das Verhältnis zwischen Kopf, Rumpf und Gliedmaßen sowie die Beziehungen zwischen diversen Einzelheiten innerhalb genannter Körperpartien: also etwa die Größe der Augen im Vergleich zum Gesicht oder die der Hände in Relation zu den Armen (Bild 33).

Bild 33

Es gibt keine genaue Regel, um eine korrekte Proportion zu definieren. Das Kind trifft sie immer besser parallel zur Entwicklung seines zeichnerischen Könnens und zum allgemeinen Wachstumsverlauf.

Eine besondere Bedeutung haben jedoch die auf den folgenden Seiten beschriebenen Disproportionen:

Großer Kopf. (Bild 34) Er zeigt ein starkes Bedürfnis nach Austausch an, sowohl was die Ernährung betrifft (großes Gesicht = großer Mund) als auch Kommunikation. Oft scheuen es Kinder, die menschliche Gestalten mit sehr großen Köpfen malen, nicht, sich selbst zur Schau zu stellen, zuweilen durch ein leicht exhibitionistisch anmutendes Verhalten.

Bild 34

Kleiner Kopf. (Bild 35) Dies kann ein Zeichen dafür sein, daß das Kind in der ersten Ernährungsphase und während des Abstillens schwierige Zeiten durchlebt hat: etwa wegen eines Krankenhausaufenthalts, ernährungsbedingten Unverträglichkeiten, Zwangsdiäten auf Grund von Magen- bzw. Verdauungsproblemen oder Appetitlosigkeit.

Bild 35

Langer Hals. (Bild 36) Ein langer Hals drückt Wißbegierde und Forschergeist aus. Das Kind möchte sich selbst davon überzeugen, was um es herum passiert, um sich dann mit Hilfe seiner Phantasie eine Welt voller Träume und Erfüllung auszudenken. Es hat eine eindeutige Neigung, »abzuheben« und den Boden der Tatsachen zu verlassen.

Bild 36

Lange Arme. (Bild 37) Sie unterstreichen das Bedürfnis zu kommunizieren, anderen zu begegnen und am liebsten die ganze Welt zu umarmen. Lange Arme sind auch ein Ausdruck überschwenglicher Zuneigung und eines vermittelnden Charakters, sofern nicht weitere Signale hinzukommen, die eher auf Aggressivität schließen lassen: etwa Hände, die Krallen zieren oder zur Faust geschlossen sind, überdeutliche Zähne oder ein besonders hervorgehobener, roter Mund...

Bild 37

87

Kurze Arme. (Bild 38) Das Kind drückt damit seine Angst vor anderen aus, Unsicherheit oder eine angeborene Schüchternheit: Alles Wesenszüge, die ein elanvolles Zugehen auf Menschen in seiner Umgebung bremsen. Sie sollten einem solchen Kind Sicherheit vermitteln und ein ruhiges, ausgeglichenes Beziehungsleben fördern.

Bild 38

Große Hände. (Bild 39) Hände braucht man zum Streicheln und Anfassen, um etwas zu handhaben, aber auch zum Prügeln: Die Darstellung großer Hände ist zweideutig. Sie signalisieren jedoch in jedem Fall das Bedürfnis nach intensivem und häufigem Austausch.

Bild 39

Lange Beine. (Bild 40) Aufgabe der Beine ist es, Stabilität und Bewegung zu gewährleisten. Wenn sie lang ausfallen, vermittelt das ein Bedürfnis nach festem Halt und Sicherheit. Wenn sie überlang geraten, kann das auch den Wunsch des Kindes wiedergeben, möglichst schnell groß zu werden, um einen Erwachsenen zu »erreichen«, der ihm ein Vorbild ist.

Bild 40

Kurze Beine. (Bild 41) Sie zeigen Robustheit, Sicherheit, physische Ausdauer und Widerstand an. Es handelt sich um ein Kind, das mit beiden Beinen »fest auf der Erde steht«.

Bild 41

Große Augen. (Bild 42) Unsere Augen sind im übertragenen Sinn »die Fenster zur Seele«, und wenn ein Kind sie groß abbildet, dann hebt es damit seine Lust hervor, Dinge zu beherrschen und seine Neugier auszuleben. Dieses Verlangen macht auch vor den Gefühlen seiner Mitmenschen nicht halt. So können Sie anhand der Größe der Augen registrieren, ob sich ein Kind von der Erwachsenenwelt akzeptiert oder abgelehnt fühlt.

Bild 42

Handschrift

Mit dem Begriff der »Handschrift« ist hier zunächst die Geste gemeint, die kurvig oder eckig erscheinen kann, aber
auch die Kraft, mit der das Kind auf das Blatt einwirkt und
das Ausmaß seiner psychophysischen Energie ausdrückt, sowie der Einsatz derselben, welcher kontinuierlich und flüssig, in Schwarz-Weiß-Bereiche zerfallend oder bruchstückhaft sein kann. Die »Handschrift« ist ein rein technisches
Maß, mit dem der Graphologe einige Grundeigenschaften
des Zeichners zu erkennen versucht. Darüber hinaus kann er
mit ihrer Hilfe einige Verflechtungen, insbesondere emotionaler Art, herausfinden, die aus dem Umfeld des Kindes
stammen oder die es selbst verursacht haben könnte.

Bild 43

93

Die Geste

Kurvige Geste. (Bild 44) Sie ist einem Kind eigen, das über eine bemerkenswerte Anpassungsfähigkeit verfügt, das extrovertiert und auf Zustimmung und Lob in seiner Umgebung angewiesen ist.

Sein offenes Wesen begünstigt sein Verhältnis zu Gleichaltrigen und die Anpassung an mitunter unerwartete Situationen. Von daher dürfte einem solchen Kind der Besuch zunächst eines Kindergartens und dann der Grundschule nicht schwerfallen. Die Erwachsenen sollten dieser Veranlagung natürlich Rechnung tragen und dem Kind übertriebene oder sinnlose Einschränkungen seiner natürlichen Extrovertiertheit ersparen.

Bild 44

94

Eckige Geste. (Bild 45) Dieses Stilmittel führt bei der Zeichnung einer menschlichen Gestalt zur Abbildung geometrischer oder kantiger Figuren, die Robotern ähneln. Das Kind tendiert dazu, Umrisse hervorzuheben, indem es die Linienführung abrupt verändert, so daß am Ende überall Ecken und Winkel sichtbar sind. Diese Art zu malen ist typisch für jemanden, der Willenskraft und Hartnäckigkeit über Improvisationstalent und Spontaneität stellt. Sie ist auf eine Erziehung zurückzuführen, die Wert auf Ordnung und Kontrolle legt, oder auch auf ein aggressives Temperament, das sich den Erfordernissen und Richtlinien in seiner Umgebung widersetzt. Diese Neigung kann sich verstärken durch einschneidende Erlebnisse, die die heitere Ausgeglichenheit eines Kindes stören, z. B. die Geburt eines Geschwisterkindes.

Bild 45

Kraft

Ein kraftloses Bild. (Bild 46) Eine geringe Kraftausübung beim Malen ist sehr sensiblen Kindern eigen. Für sie bedeutet jede noch so kleine Anregung eine positive Herausforderung, aber auch eine gewisse Belastung, so daß Sie stets das Risiko eingehen, die Toleranzgrenze für Frustrationen beim Kind zu senken.

Bild 46

Ein kraftvolles Bild (Bild 47) ist typisch für ein Kind, das dem Leben sowie neuen Erfahrungen mit Schwung, Begeisterung und Entschlossenheit entgegentritt. Es fürchtet sich nicht vor seiner Umwelt, ist selbstsicher und handelt meist impulsiv, ohne lange zu überlegen.

Bild 47

Eine mittelstarke Kraftausübung, die also weder übertrieben noch mangelhaft wirkt, ist Hinweis auf einen ausgewogenen Energiefluß, der darauf ausgerichtet ist, die gesteckten Ziele zu erreichen.

Kraftverteilung

Kontinuierliche, flüssige Kraftverteilung. (Bild 48) Sie charakterisiert ein freies, williges Kind, das sich seiner Zuneigung sicher ist und soziale Beziehungen mit Hilfe seiner Anpassungsfähigkeit zu pflegen weiß. Es hat ein offenes, geselliges, anhängliches und wenig streitsüchtig veranlagtes, weil heiteres Wesen. Der harmonische Fluß in der Kräfteverteilung reift mit zunehmendem Alter des Kindes aus.

Bild 48

Eine in Schwarz-Weiß-Bereiche zerfallende, bruchstückhafte Kraftverteilung (Bild 49) verrät eine ungleichmäßige Druckausübung. Diese charakterisiert jemanden, der kein Durchhaltevermögen hat, leicht ermüdbar ist und sich oft ablenken läßt. Es handelt sich um ein Kind, das beruhigt werden und Sicherheit vermittelt bekommen muß. Fordern Sie es nicht ständig dazu auf, sich einer Sache intensiver und dauerhafter zu verpflichten.

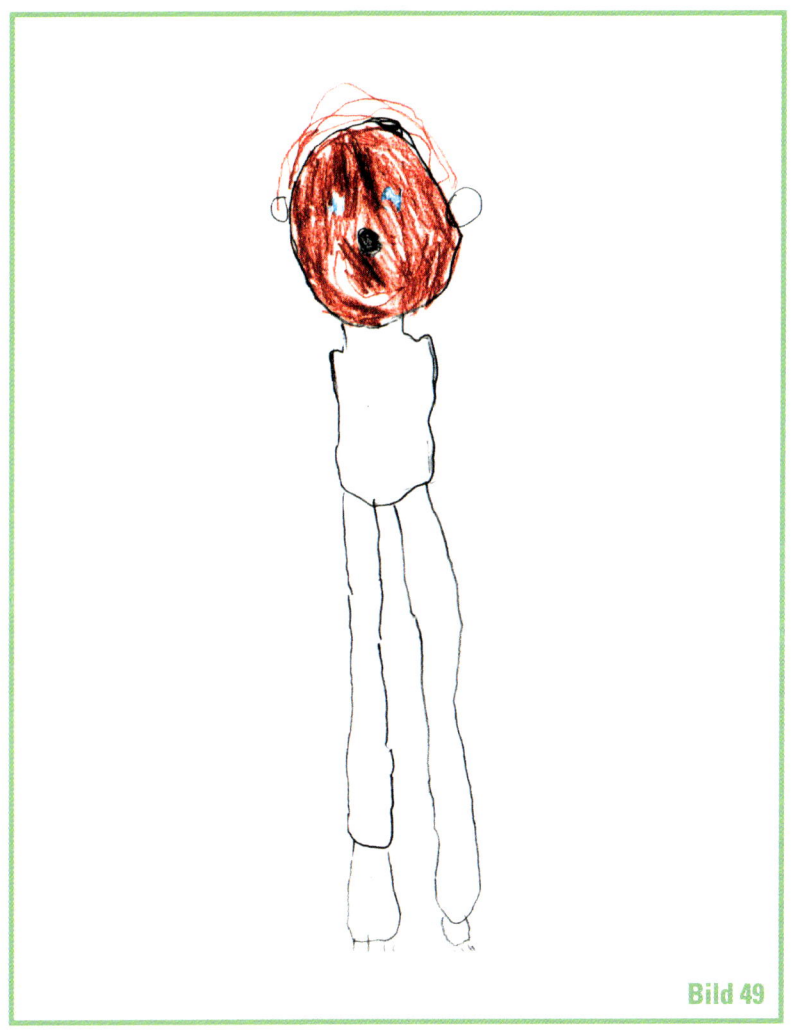

Bild 49

Farben

Die Farbe der Menschengestalt ist Indiz für die Reife, die das Kind erlangt hat, und erlaubt eine noch genauere Analyse des Bildes, insbesondere was die Gefühlswelt des Urhebers betrifft. Wenn das Kind keine Farben benutzt, obwohl sie ihm zur Verfügung stehen, so muß man sich ernsthaft fragen, ob es sein Heranwachsen positiv erlebt.

Buntstifte zum Konturieren der Figur zu benutzen, ist bis ins Alter von 5 oder 6 Jahren normal. Danach ist dieses Vorgehen als ungewöhnlich einzustufen. Wenn das Kind diese Gewohnheit beibehält, wirft das die Frage auf, ob seine intellektuelle und emotionale Entfaltung korrekt voranschreitet.

Bevor Sie die Bedeutung der verwendeten Farben untersuchen (es stehen sieben zur Wahl), sollten Sie die Art, sie zu benutzen, sowie die Intensität der Schraffur begutachten. Pastelltöne, die durch ein gleichmäßig geringes Aufdrücken entstehen, enthüllen ein reiches Gefühlsleben, Empfindsamkeit, Sanftmut oder auch Schüchternheit. Ausgeprägte, starke Farben stehen hingegen für Gefühlsintensität, sowohl in bezug auf Liebe als auch in Hinblick auf Aggressivität oder Wut.

Ein weiteres Element, das es zu berücksichtigen gilt, ist der Realitätsbezug der Farben, die im Bild verwendet werden. Malt ein Kind einen oder mehrere Körperteile auf unübliche oder anomale Weise an, dann tut es nichts anderes, als Ihnen eine Nachricht zukommen zu lassen, die Sie entschlüsseln müssen. Um das zu veranschaulichen, möge als Beispiel ein Bild gelten, auf dem der Hals einer menschlichen Gestalt mit einem intensiven Rot ausgemalt ist: Dies läßt auf ein Trauma schließen, das das Kind in dieser Körperregion erlitten hat, oder auf eine physische oder psychosomatische Krankheit bzw. Schwäche, die mit dem Hals, der Schluckbewegung oder Atmung in Verbindung steht.

Blau

Schlüsselbegriffe: Ruhe, Heiterkeit, keine Rivalität, Einvernehmen...

Falls Blau dominant ist: Das bedeutet, daß sehr viel Selbstbeherrschung im Spiel ist. Falls sehr viel Blau benutzt wird (etwa für den Hintergrund, die Erde, den Boden oder in Form eines Sees), so deutet das auf die Disposition zum Bettnässen hin.

Grün

Schlüsselbegriffe: Stille, Entspannung, Zufriedenheit, Ausgeglichenheit, Frieden, Genugtuung, Hoffnung...

Falls Grün dominant ist: Es besteht die Gefahr, daß sich Faulheit oder Hemmungen breitmachen. Zuweilen bedeutet es paradoxerweise auch Rebellion, insbesondere, wenn andere Hinweise auf Aggressivität hinzukommen (Mund, Zähne, Hände...).

Rot

Schlüsselbegriffe: Aktivität, Lebhaftigkeit, Energie, Ehrgeiz, Vitalität, Emotion, Erregung, Leidenschaft, Mut...

Falls Rot dominant ist: Rot kann Überschwenglichkeit, Feindseligkeit, Aggressivität oder Gewalt signalisieren sowie leichte Erregbarkeit und mögliche Wutausbrüche.

Gelb

Schlüsselbegriffe: Anpassung, Energie, Dynamik, Lust, sich zu öffnen, Intuition...

Falls Gelb dominant ist: Das könnte ein Hinweis auf eine schwierige Beziehung zum Vater oder auf andere Spannungen innerhalb der Familie sein.

Lila

Schlüsselbegriffe: Traurigkeit, Unruhe, Neid, Macht über Leidenschaften haben wollen, religiöse Gefühle, Idealismus, Schamhaftigkeit...

Falls Lila dominant oder zumindest gut vertreten ist, dann deutet das auf übertriebene Erwartungen in Hinblick auf das Großwerden hin und darauf, Verantwortung zu übernehmen. Sie werden von einem Erwachsenen an das Kind herangetragen und rufen in ihm die Angst hervor, die Anforderungen nicht voll und ganz zu erfüllen.

Braun

Schlüsselbegriffe: Ernsthaftigkeit, Bitterkeit, erträgt weder Gegensätzlichkeit noch Widerstreit, Vorsicht, Bodenständigkeit...

Falls Braun dominant ist: Es könnte sein, daß Sie Ihr Kind zu früh in die Verantwortung genommen haben, und darüber hinaus wäre es denkbar, daß seine aggressiven Neigungen in sadistische Verhaltensweisen oder in eine unnatürliche Selbstbeherrschung umschlagen, die seine Spontaneität einschränkt.

Schwarz

Schlüsselbegriffe: reiches Innenleben, Ängste, Furcht, Zurückhaltung, Schamhaftigkeit, Melancholie, Schmerz...

Falls Schwarz dominant ist: Sie sollten das Gefühlsleben des Kindes im Auge behalten. Es könnte aus dem Gleichgewicht geraten, ohne daß es dazu offenkundige Gründe gibt.

Die Bedeutung einzelner Körperteile

Der Kopf stellt die Gefühle dar, die ein Kind in Anbetracht des mütterlichen Antlitzes hat, und ist gleichzeitig ein Symbol für dessen Selbstwahrnehmung. Dies ist der Ort, an dem die Befriedigung durch Nahrungsaufnahme einsetzt oder aber das Leiden, das aus einer damit verbundenen Schwierigkeit erwächst.

Ist der Kopf groß, unterstreicht das den Egozentrismus, der für einen Sechsjährigen noch normal, in späteren Jahren jedoch ein Problem ist. Er bleibt ein Gradmesser für Mitteilsamkeit und Offenherzigkeit.

Ein kleiner Kopf verrät ein Sich-Abschotten, »Dichtmachen«, einen Rückzug ins eigene Ich und somit Schwierigkeiten im Verhältnis zu anderen. Er kann Schüchternheit anzeigen.

Die Einzelheiten des Gesichts umfassen fast alle Organe, die für die Kommunikation und den Austausch mit der Außenwelt vonnöten sind. Ein Gesicht, das keine Einzelheiten aufweist, bedeutet, daß das Kind Schwierigkeiten damit hat, seine Gefühle zu zeigen, und bereits einen Negationsmechanismus in bezug auf eine Realität einsetzt, die es für unerträglich hält.

Die Augen reflektieren die Kraft und Vitalität, die das Kind in seine Verhältnisse zu anderen investiert, sowie seine intellektuelle Neugier. Sind sie klein, so sind sie ein Indiz für Introvertiertheit, Unsicherheiten und Ängste im Hinblick auf Kommunikation sowie für Mißtrauen gegenüber Erwachsenen. Wenn die Augen geschlossen dargestellt werden, weisen sie auf Narzismus und Koketterie hin. Große Augen offenbaren eine Aggressivität, die sich auf die Außenwelt richtet. Fehlen die Augen gar, was sehr selten vorkommt, heißt das, daß das Kind sich weigert, die Realität zu sehen und ihr zu begegnen.

Der Mund ist die Pforte, die die »Nahrung« sowohl im reellen als auch gefühlsmäßigen Sinn passiert. Das Kind bekommt zu essen, damit es physisch groß und stark wird. Doch auch der Kuß der Eltern ist eine unverzichtbare Zutat für sein Wachstum. Zeichnet ein Kind gar keinen Mund, dann ist das ein Signal dafür, daß es ein Gefühlsdefizit hat, daß es sich danach sehnt, sich reichhaltig zu ernähren, daß es sich zart und schwach fühlt oder auch, daß es noch nicht fähig ist, eine gewisse Autonomie herzustellen. Dieses Kind fühlt sich in bezug auf seine Ernährung unwohl, oder es fehlt eine ausgewogene Kommunikation mit der Welt der Erwachsenen. Ein knallrot gefärbter Mund legt Aggressivität bloß, kann aber auch ein positiver Reiz sein, groß und erwachsen zu werden, besonders in der Pubertät. Ist der Mund geschlossen oder nur schwach angedeutet, so zeigt das bei über Siebenjährigen Spannungen und Dissonanzen an, so als wolle das Kind seine Umgebung irgendwie ausschließen, nachdem sie seine Grundbedürfnisse nicht befriedigt hat. Grübchen neben den Mundwinkeln bringen einen jovialen Charakter, spielerische Phantasie sowie Gutmütigkeit zum Ausdruck.

Zähne sind ein Symbol für Wut und für die Notwendigkeit, eine Sache oder Person, die das Kind für die Quelle seines Unbehagens oder Ärgers hält, anzunagen, mit den Zähnen zu packen und zu beißen.

Die Nase ist ein Phallussymbol: Nicht von ungefähr zeichnen Jungen sie in besonders ausgeprägter Form. Sie ist ein Anzeichen für die einsetzende oder imminent bevorstehende Pubertät. Jegliche Deformierung oder Akzentuierung ist in Beziehung zur Angst vor bzw. zum Wunsch nach Sexualität zu sehen. Die Nase wegzulassen, kommt in der Pubertät häufig vor. Es ist als ein Ausdruck der Angst, die ersten sexuellen Triebe zu manifestieren, auszulegen.

Die Ohren signalisieren entweder das Bedürfnis, zuhören zu wollen – sei es, um etwas zu verstehen, sei es aus Neugier – oder sind Hinweis auf einen möglichen Gehörschaden. Sie legen eine besondere Aufmerksamkeit des Kindes bezüglich der äußeren Realität frei. Sind die Ohren groß und abstehend, bedeutet das eine Geringschätzung der eigenen Person und wenig Selbstachtung auf Grund schulischer Mißerfolge. Es ist kein Zufall, daß der Ausdruck »Esel« die Vorstellung langer Ohren weckt.

Ein Bart oder Schnurrbart zeigt Kraft, Überschwang, Kreativität oder ein starkes Bedürfnis, andere zu faszinieren; sie können dem Geist eines Schmeichlers entstammen.

Haare stehen für (sexuelle) Vitalität und Kraft, insbesondere wenn sie lang sind. Bei Mädchen weisen sie auf aufkeimende Gefallsucht hin. Sie wünschen sich eine Gruppe von Freundinnen und Freunden oder identifizieren sich gern mit einer berühmten Persönlichkeit.

Trägt die menschliche Gestalt einen Hut, dann verrät das, daß sich das Kind permanent als Zielscheibe der Bemerkungen und Verbote seitens der Erwachsenen empfindet. Ein Hut kann auch, besonders in der Pubertät, ein Zeichen dafür sein, daß das Kind seine unterdrückte Sexualität maskiert.

Ein ausgeprägtes und hervorgehobenes Kinn entlarvt das kindliche Temperament als das eines »kleinen Bosses« und von daher den Wunsch, sich Gleichaltrigen gegenüber behaupten zu wollen.

Der Hals ist das Verbindungsglied zwischen Kopf (Vernunft) und Rumpf (Instinkt). Ist der Hals lang, so illustriert das möglicherweise das – reale oder eingebildete – physiologische Wachstum des Kindes oder auch seinen Drang, sich etwas eitel in den Vordergrund zu spielen. Ein verkürzter und besonders enger Hals drückt Furcht oder Atembeschwerden aus. Ist er rot gefärbt, bedeutet das Schüchternheit, Unsicherheit, die durch Aggressivität kaschiert werden soll, oder ganz einfach einen medizinischen Eingriff, der in dieser Körperregion vorgenommen worden ist. Wenn der Hals gut getroffen und flexibel ist, stellt das Kind auf diese

Weise seine eigene Autonomie und die Fähigkeit, es mit seiner Umgebung aufnehmen zu können, unter Beweis. Fehlt
der Hals, dann läßt das auf eine dominante Gefühlswelt
schließen, die bis ins Alter von 10 Jahren normal ist. Danach
wird dieses Merkmal zu einem Signal emotionaler Instabilität, die sich insofern auf das Verhalten auswirkt, als daß
sich das Kind besonders lebhaft, erregbar, impulsiv oder un-
duldsam benimmt (Jungen schaffen es dann z. B. nicht, über
einen längeren Zeitraum stillzusitzen).

Die Beine sind Sinnbild der Sicherheit. Ein Kind, das die
Beine eines Menschen malt, veranschaulicht dadurch seine
eigenen Fähigkeiten in puncto Körperhaltung, Dynamik
und Stabilität. Lange, auch übertrieben lange Beine stehen
im Zusammenhang mit seinem Bedürfnis, sich groß zu
fühlen und zu wachsen. Sind sie kurz, bedeutet das Angst
oder die Weigerung zu wachsen sowie das kindliche Verlangen, von der Familie weiterhin beschützt zu werden. Stark
asymmetrische Beine verweisen auf eine vorliegende physische Unvollkommenheit oder, was noch wahrscheinlicher
ist, auf eine motorische Störung. Malt das Kind überkreuzte
Beine, ist das Ausdruck seiner Schüchternheit oder eines
Konfliktes sexueller Natur.

Füße bemessen Stabilität und Sicherheit, sind jedoch ebenfalls im Kontext sexueller Symbolik zu sehen. Je nachdem,
wie sie dargestellt werden, drücken sie folgendes aus: Große
und kräftig gebaute Füße stehen für Sicherheit, Halt, Festigkeit, Konkretheit; kleine Füße, eine anormale Fußhaltung
oder fehlende Füße deuten auf Furcht und eine Verteidi-
gungsstellung gegenüber der Umwelt hin.

Arme und Hände sind die Grundelemente menschlicher
Kommunikation. Sie ermöglichen den Kontakt und den di-
rekten Bezug zur Welt. Wenn die Hände wie Klauen aussehen und rot angemalt sind, läßt das Aggressivität und das
Bedürfnis durchscheinen, jemanden zu kratzen, um eine
feindliche Wirklichkeit zu besiegen. Sind beide gen Himmel

gewandt, ist das als ein Hilferuf aufzufassen, als ein Schutz-
bedürfnis, als der Wunsch, versorgt zu werden und sich ge-
borgen zu fühlen. Wenn die Arme fehlen, was nie nur ein
Versehen ist, kann das Problemen mit der eigenen Sexualität
entspringen oder eine Tarnung unterdrückter Feindseligkeit
sein, die das Kind einem Familienmitglied gegenüber empfindet. Diese Gefühle sind meistens von Schuldgefühlen begleitet, die zu selbstzerstörerischem Verhalten führen können. Wenn nur die Hände fehlen, so hat das die gleiche Bedeutung, nur daß das Kind sein Unbehagen nicht ganz so ex-
trem erlebt.

Der Rumpf stellt das Instinktleben sowie Materielles dar. Ist
er schmal und schmächtig, so heißt das, daß das Kind mit
seinem Körper unzufrieden ist oder ihn als unpassend empfindet. Ist er ungewöhnlich klein oder kurz, dann leidet das
Kind unter Minderwertigkeitskomplexen. Teilt eine Linie
oder ein Gürtel den Rumpf entzwei, greifen Gefühlswelt und
Sexualität nicht recht ineinander und bilden kein harmonisches Ganzes. Ein detailgeschmückter Gürtel deutet an, daß
das Problem in einer Maskierung besteht, die das Kind auf
Grund von Schuldgefühlen gegenüber seiner eigenen Entwicklung aufrechterhält. Wenn es auf den Rumpf zwei weib-
liche Brüste malt, liegt eine starke Bindung an die Mutter
vor, von der sich das Kind emotional nicht lösen kann.
  Malt das Kind Knöpfe auf, signalisiert das ein starkes Zu-
sammengehörigkeitsgefühl, das es der Familie und insbesondere der Mutter entgegenbringt. Es sieht so aus, als wolle das Kind eine Art Nabel abbilden, der die Narbe einer
Trennung ist, die es schlecht verkraftet.

Sexualorgane zeichnen Kinder sehr selten in ausgeprägter
und detaillierter Form. Geschieht es dennoch, dann läßt das
ernsthafte Probleme in dieser Hinsicht vermuten.

Charakteranalyse

Aggressivität

Hände mit Krallen
Auffallende Zähne
Ausgeprägte Schraffur
Rot hervorgehobener
Mund
Figur im Profil
Geschlossene Fäuste

Angst vor dem Großwerden

Kleine Figur
Nur wenig ausgenutzte Bildfläche
Feine, kaum erkennbare Strichführung

Ausdrucksarmut

Ausradierungen
Unsichere Linienführung
Diverse Disproportionen
Mit wenig Mühe gezeichnete Elemente

Entschlossenheit

Spitzes, ausgeprägtes Kinn
Sichere, klare Linienführung

Erlittenes Trauma

Das betreffende Gliedmaß ist schmaler, kleiner und nicht gut dargestellt

Furchtsamkeit

Ständiges Radieren
Leichte oder unterbrochene Linienführung
Schwärzungen über einem oder mehreren Elementen der menschlichen Gestalt

Gefühlsreife

Harmonische Figur
Gut durchstrukturierter und sichtbarer Hals

Geringes Selbstwertgefühl

Kaum angedeutete obere und untere Gliedmaßen
Eine klein geratene Figur
Korrekturen und Ausradierungen
Unsichere Linienführung

▶

▷

Charakteranalyse

Heiterkeit

Ruhiger Gesichts-
ausdruck

Harmonisches Bild

Wohlproportionierte
Figur

Kommunika-
tionsbereitschaft

Offene Arme

Offene und gut darge-
stellte Hände

Narzismus

Lange Wimpern

Gelocktes oder zu-
rechtgemachtes Haar

Halsketten

Ausgeprägte Farben,
insbesondere auf Klei-
dungsstücken

Diverse Verzierungen
wie Herzchen, Blu-
men, Zahlen oder
Aufschriften auf Klei-
dern

Neugier

Große Augen

Große Ohren

Sehr detaillierte
Augen

Schüchternheit

Rotes Gesicht

Wenig ausgenutzte
Bildfläche

Kleine und im unte-
ren Bildbereich posi-
tionierte Gestalt

Oft benutztes Schwarz

Selbst-
beherrschung

Großer, starker Rumpf

Mittlere Figurengröße

Korrekte Positionie-
rung auf dem Blatt

Mit sicherer Hand ko-
loriert

Sexuelle Frühreife

Gut sichtbare Zähne

Ausgeprägte und stark
ausgemalte Nase

Ausgestreckte Zunge

Langes oder zurecht-
gemachtes Haar

Sexuelle
Hemmungen

Versteckte oder feh-
lende Hände

Schlecht abgebildete
untere Gliedmaßen

Schmucklose, nüch-
terne Kleidung

▶

Charakteranalyse

Sicherheit

Deutliche, aber auch gleichmäßige lineare Strichführung

Vollständige Menschengestalt mit klaren Umrissen

Geschlechtlich leicht einzuordnende Figur

Überschwang

Großer Kopf

Weite Formen

Gut dargestellte untere Gliedmaßen

Detailreichtum

Unsicherheit

Fehlende oder schlecht gemalte Füße

Zittrige Linienführung

Zerbrechlichkeit

Schmaler Rumpf

Unregelmäßige oder in Schwarz-Weiß-Bereiche zerfallende Druckausübung

Kaum angedeutete Füße

Der Test mit dem Baum

Der Test mit dem Baum gilt seit jeher als eine zuverlässige Hilfe, um authentische, aber versteckte Persönlichkeitsaspekte zu erkennen und zu begreifen. In der Psychoanalyse ist der Baum ein Symbol für das Ich, d. h. für jene Energie, die die ganze Person durchdringt und deren wahre Beschaffenheit ausmacht.

Der Urheber eines Bildes kann ein kleines Kind sein, ein Junge oder ein Mädchen: Der Baum stellt sie alle dar und steht für ihre spezifischen Charaktere, Gefühlswelten und einzigartigen, in der Entwicklung befindlichen Persönlichkeiten. Jedes Detail in dieser zeichnerischen Probe besitzt eine genaue Bedeutung und spricht eine klare Sprache: die Positionierung des Baumes auf dem Papier, die Wurzeln, der Stamm, die Darstellung eines Schmetterlings, die Äste, die sich gen Himmel öffnen, ein hinabfallendes Blatt, leuchtende oder gedämpfte Farben, eine farblose Zeichnung...

Testdurchführung

Stellen Sie dem Kind folgendes zur Verfügung:

- ✔ einen Bleistift
- ✔ einen Radiergummi
- ✔ einen Bleistiftspitzer
- ✔ sieben Buntstifte (blau, grün, rot, gelb, lila, braun und schwarz)
- ✔ einige unliniierte Seiten Papier

Sie sollten das Kind möglichst dazu auffordern, das Bild mit freier Hand, d. h. ohne Hilfsmittel wie Lineal oder Dreieck, anzufertigen, da sie der Spontaneität der Ausführung abträglich sind und die Interpretationsmöglichkeiten einschränken.

111

Wenden Sie sich ganz einfach mit folgenden Worten an das Kind: »Mal jetzt irgendeinen Baum, der dir in den Sinn kommt! Wenn du möchtest, darfst du ihn auch anmalen.« Auf jede weitere Frage antworten Sie, ohne es im geringsten zu beeinflussen, etwa so: »Wie du möchtest. Mach wie du meinst.«

Auch für diesen Test gibt es keine zeitlichen Einschränkungen. Wenn Ihnen das Kind zu verstehen gibt, daß es seine Arbeit beendet hat, können Sie es fragen, ob es wirklich sicher ist, daß das Bild fertig ist.

Zeichnerische Entwicklungen

Ein Baum stellt die Person selbst dar, die ihn malt. Selbst wenn ein Kind noch nie eine Pflanze, einen Zweig oder Strauch gesehen hat, kann es diese durchaus zeichnerisch wiedergeben. Zunächst wird es sich nur um eine Art senkrechten Strich handeln, um ein Stäbchen mit irgendeinem Schnörkel dran, doch Schritt für Schritt vervollkommnet sich die Baumabbildung. Sicher, einen Baum zu malen, ist schwieriger als ein Haus, das dem Buchstaben »A« ähnelt und aus einfachen, über Kreuz verlaufenden Linien besteht. Ein vollständiges Baumschema darf man erst im Alter um die 4 bis 6 Jahre erwarten.

Es ist stets faszinierend und aufschlußreich, die Zeichnungen eines bestimmten Kindes zu beobachten, die es in verschiedenen Altersstufen angefertigt hat: Sie können darin Veränderungen auf Grund seines Wachstums erkennen und Anzeichen für ein mögliches Mißbehagen bzw. für Störungen ausmachen.

Ein **vier- bis fünfjähriges Kind**, dessen darstellerischer Wille schon ausgeprägt ist und dessen zeichnerische Fähigkeiten weit genug entwickelt sind, um ein vollendetes und erkennbares Bild zu realisieren, malt einen Baum mit Hilfe einer elementaren, essentiellen Linienführung (Bild 50):

Häufig ist ein einfacher oder doppelter Strich, der nicht unbedingt an Ausgangs- und Endpunkt geschlossen sein muß,
bereits ein erster Baumentwurf.

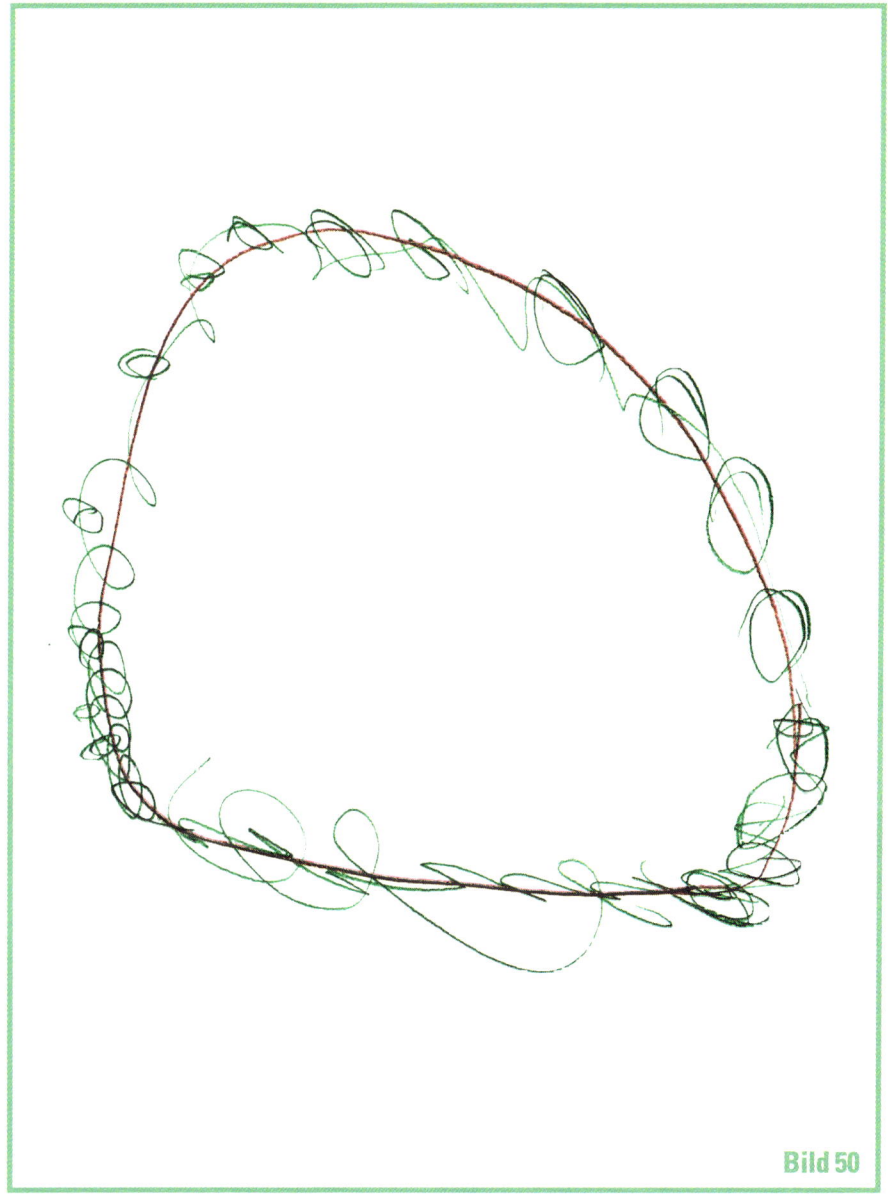

Bild 50

Recht schnell jedoch schließt das Kind diese Figur nach oben (Bild 51). Aus diesem Schlußstrich und dessen Umgebung sprießen dann feine Linien hervor, die die Äste sein sollen.

Bild 51

Erst um die **fünf bis sechs Jahre** herum nimmt der Baum natürliche Formen und Farben an, verwächst mehr oder weniger sichtbar mit einem Boden, dargestellt durch eine Linie oder schlichtweg die Fortsetzung der Wurzeln (Bild 52), und wird vom Kind mit Einzelheiten angereichert.

Bild 52

115

Um die **sieben Jahre**, wenn das Kind zur Schule geht, entfaltet sich der Baum und nimmt realistischere Proportionen und Formen an, die denen echter Pflanzen ähneln (Bild 53).

Bild 53

Ausnutzung der Bildfläche

Die Positionierung des Baumes auf dem Blatt, das die Umwelt symbolisiert, ist von elementarer Bedeutung. Ein extro-

Bild 54

117

vertiertes Kind erforscht furchtlos seine unmittelbare Umgebung, und so nimmt seine Zeichnung etwa **den ganzen
Raum** auf dem Papier ein (Bild 55): Dies ist ein Kind, das
sich nach Herzenslust in alle Richtungen ohne Hemmungen,
voller Begeisterung und so schrankenlos bewegt, daß es
schon beinahe aufdringlich wirkt.

Bild 55

Wer den Baum **oben** anbringt, offenbart eine phantasievolle Natur, ist ein Idealist und Träumer (Bild 56). Was die intellektuellen Stärken dieses Kindes betrifft, so läßt sich feststellen, daß ein Studium der Literatur oder Philosophie das Richtige sein könnte.

Bild 56

Der Baum in der **Mitte** des Blattes drückt das Bedürfnis des Kindes aus, sich noch im Mittelpunkt der Aufmerksamkeit zu fühlen (Bild 57).

Einen **unten** plazierten Baum, über dem noch viel Platz ist, kann man bei kleineren Kindern häufig beobachten (Bild 58). Ist der Urheber hingegen ein Jugendlicher, so muß man sich fragen, inwieweit er reif genug ist, um das Leben außer-

Bild 57

halb des familiären Kontextes in Angriff zu nehmen. Meistens ist er noch nicht reif genug, sondern hat noch das Verlangen nach Schutz und Absicherung. Die Adoleszenz ist eine kritische Zeit, die gekennzeichnet ist von einer starken Ambivalenz zwischen dem Wunsch nach Selbstbestimmung und dem immer noch vorhandenen Bedürfnis nach Unterstützung und Beschützung.

Bild 58

Interpretation

Die drei Zonen

Die drei grundlegenden Elemente, die Sie bei der Deutung des Baumtests beachten müssen, sind die Wurzeln, der Stamm und die Baumkrone.

Die Wurzeln versinnbildlichen das Gefühlsleben, denn man assoziiert sie mit der Mutter Erde, die den Baum ernährt und aufrecht hält. Sie sind ein wichtiger Bestandteil, ohne den der Baum einfach nur auf dem Boden läge und gar keine lebenswichtigen Pflanzensäfte aufnehmen könnte. Analog stellen die Wurzeln das Leben des Ichs dar, das sich von der mütterlichen Liebe und Zuneigung speist und beschützen läßt, sich stärkt und somit stabil und sicher heranwächst. Die Wurzeln führen uns in den Bereich der Gefühle und der Bindung zwischen Mutter (= die Wurzeln) und Kind (= der Baumstamm). Diese Welt der Emotionen und Instinkte bleibt dem Gedächtnis eines Subjekts für immer verhaftet. Aus dieser dunklen, tief in die Erde eingegrabenen und versteckten Sphäre holt sich das Ich all die Kraft und den Schwung, die es braucht, um dem Leben die Stirn zu bieten.

Der Stamm stellt das Ich dar und drückt die Selbstwahrnehmung und die Sicherheit aus, die in einem Kind herrschen. Ein schmaler Stamm kennzeichnet wenig Widerstandskraft, die für Problemlösungen zur Verfügung steht, sowie die Bedürftigkeit nach Hilfe und Schutz seitens eines Erwachsenen: Das Kind fühlt sich auch körperlich zerbrechlich. Ein großer, gut umrissener Stamm ist Ausdruck einer gefestigten Persönlichkeit, die auf Vertrauen und Achtung in die eigenen Fähigkeiten basiert. Die Stabilität eines klar gezeichneten Stammes ist ein Zeichen für physische Kraft. Sie erleichtert es dem Kind, die Schwierigkeiten, die ein Leben mit sich bringt, zu meistern.

Die Baumkrone ist das Ergebnis der Zusammenfügung von Wurzeln und Stamm. Sie symbolisiert die Projektion des Kindes nach außen. Das Geäst dehnt sich aus und wächst aus dem Raum hervor, den das Ich (= der Stamm) besetzt. Die Zweige und Äste veranschaulichen die Akzeptanz bzw. die Verweigerung von Kommunikation, Anpassungsfähigkeit, Solidarität und Liebe. Die Krone verbildlicht deshalb auch die Fähigkeiten des Kindes, den eigenen Egozentrismus (den im Bild ein stattlicher, imposanter Stamm anzeigt) zurechtzurücken und somit die Energie, die es anderen schenkt, angemessen zu verteilen (= die Zweige).

Analyse der Baumelemente

Ein kleiner Baum (Bild 59) signalisiert Schüchternheit und Introvertiertheit. Das Kind arbeitet gern allein, sucht sich ruhige Freunde aus und verlangt nach Streicheleinheiten.

Bild 59

Ist der Baum hingegen **groß und nimmt er das ganze Blatt ein,** so handelt es sich um einen begeisterungsfähigen, extrovertierten Zeichner (Bild 60). Solch ein Kind möchte immer Gesellschaft haben, ist großzügig und klammert sich nicht an Dinge, sondern verschenkt oft eigene Spielsachen.

Bild 60

Malt das Kind ungewöhnliche Bäume, dann hat das immer eine ganz bestimmte Bedeutung.

Eine Tanne kennzeichnet eine nostalgische Natur, die sehr an Familie und Tradition hängt. Sie ist das Symbol für Weihnachten und stellt Freude, Intimität und das Bedürfnis dar, seine Lieben um sich zu scharen. Ein Kind, das eine Tanne malt, gibt einen anhänglichen Charakter zu erkennen, der des Schutzes, der Sicherheit und einer heiter-entspannten Atmosphäre bedarf. Es hat nicht gerne viele Leute um sich, sondern zieht es vor, auf einige wenige, enge Freunde zurückzugreifen. Wenn Sie es von der Gefühlsseite her positiv ansprechen, zeigt dieses Kind seine Schokoladenseite. In der Tat fürchtet es auf Grund seiner Schüchternheit nichts mehr, als sich gerade auch vor seinen Kameraden zu blamieren. Es zieht sich gern zurück und spielt am liebsten ernsthafte, individuelle Spiele. Es ist schnell entmutigt, wenn es auf Schwierigkeiten stößt, und reagiert dann mit infantileren Verhaltensweisen als es seinem Alter entspricht.

Die Zypresse (Bild 61) ist der typische Baum eines nach-
denklichen, wortkargen Kindes, das Begabung auf dem Gebiet der Dichtung und Literatur entwickeln könnte und
einen ausgeprägten Sinn fürs Ästhetische hat.

Bild 61

126

Eine Trauerweide (Bild 62) ist ein Anzeichen für Abstand und Anonymität. Sie weist auf eine angeborene Eleganz sowie den festen Willen hin, sich nicht beherrschen zu lassen. Es dringen dabei auch traurige Momente durch und das Bedürfnis, sich zu sammeln. Ein Jugendlicher, der eine Trauerweide malt, ist den Bereichen der Zeichnung und Fotografie gegenüber aufgeschlossen.

Bild 62

Ein Obstbaum (Bild 63) gilt als Symbol der Üppigkeit und Produktivität. Er signalisiert Gefühlsreichtum, Freude am Schenken und daran, andere um sich herum glücklich zu machen. Das Kind, das einen Baum mit Früchten malt, verspürt in sich das Bedürfnis, »jemand zu sein« und etwas geben zu können. Es zeigt sich anderen gegenüber sehr hilfsbereit und wendet sich dabei besonders wahrhaft Bedürftigen zu. Es ist extrovertiert und gibt sich anderen gerne hin, wohl um von ihnen etwas Zuneigung zu empfangen. Es hat viele Freunde, die es mit seinem Enthusiasmus zu vereinnahmen weiß, und wird oft zum Anführer einer Gruppe gewählt. Sein offenes Wesen erleichtert ihm die Anpassung an das Schulsystem. Es macht sich in allen Fächern gut, in denen Phantasie und Erfindungsgabe gefragt sind.

Falls die Früchte nicht direkt an den Zweigen hängen, sondern im Baumgeäst frei zu schweben scheinen, läßt das ein melancholisches Gemüt, wenig Selbstvertrauen und mangelnden Glauben an die eigenen Fähigkeiten vermuten.

Bild 63

Blumen, Pilze, Gras, eine Schnecke oder andere Elemente, die das Kind am Fuße des Baumes zur Verzierung anbringt (Bild 64), sind sehr bedeutsam: Sie bringen Einfallsreichtum, Sensibilität und Sanftmut, aber auch den Beginn der sexuellen Entfaltung zum Ausdruck. Das Kind verfügt über ein harmonisches Verhältnis zur Natur und zu den Eltern.

Bild 64

129

Äste, die aus dem Stamm wachsen (Bild 65), werden häufiger von Jungen gemalt und sind Zeichen beginnender sexueller Entfaltung. Jugendliche männlichen Geschlechts durchleben große Veränderungen: Der Stimmbruch setzt ein, die ersten Barthaare sprießen und auch der Charakter wandelt sich. Sie verlangen jetzt eher nach der Gegenwart und Unterstützung des Vaters als der Mutter.

Bild 65

Mädchen verschönern ihren Baum häufiger mit **Blumen, Schmetterlingen und Regenbögen.** Sie sind romantischer und empfindlicher. Ihre Zuneigung beruht auf Gefühlen, auf Zärtlichkeit und dem Wunsch, jemand anderem zu gefallen. Sie verbünden sich im Zweifelsfall mit der Mutter.

Herabfallende Blätter (Bild 66) illustrieren ein sensibles, geradsinniges Naturell, das leicht melancholisch gefärbt ist, was sich in möglichen Stimmungsschwankungen niederschlagen kann. Das Kind nimmt mit besonderer Empfindsamkeit die Dinge auf, die um es herum passieren: Da es seelisch feinfühlig veranlagt ist, erträgt es Frustrationen nur schwer. Sein Charakter ist von einer melancholischen Nostalgie durchzogen. Dieses schüchterne und zurückhaltende Kind benötigt Platz für sich, um aufzutanken, und genug Bestätigung, um sein Bestes geben zu können.

Bild 66

131

Einzeln auf die Äste gemalte Blätter (Bild 67) machen einen lebendigen, großzügigen Charakter sichtbar, beweisen Tatendrang und Spaß an Aktivität und Eigeninitiative.

Bild 67

Ein Baum, in dem sich **ein Nest** befindet, oder auf dessen Stamm ein Knorren sichtbar ist (Bild 68), unterstreicht das Verlangen, beschützt zu werden und sich zu sammeln. Ein solcher Baum verrät eine starke Mutterbindung: Das Kind möchte noch verhätschelt und gefüttert werden (Nest mit Eichhörnchen und/oder Eicheln), um sein ganzes Potential entfalten zu können. Es ist nicht langsam, verlangt aber nach einer besonderen Zeiteinteilung und einem bestimmten Rhythmus. Dieses Kind ist sehr gefühlvoll und bleibt auch später noch den Familienerinnerungen verbunden, was ihm emotional Auftrieb verleiht. In seinem Wesen liegt ein Schatz verborgen, den es in seinem »Nest« sorgsam hütet. Es spielt und arbeitet am liebsten in Kleingruppen sowie in entspannter, stiller und warmherziger Atmosphäre.

Bild 68

133

Ein Baum mit **vielen Wurzeln** (Bild 69) ist ein Zeichen für eine starke Anbindung an die Mutter und Familie, die dem Kind Sicherheit vermitteln und es mit Stolz erfüllen. Das ist eine gute Voraussetzung, um sich anpassen zu können und um die Klippen des Lebens zu umschiffen. Es wirft nach einem Mißerfolg nicht gleich die Flinte ins Korn, sondern versucht, den Fehlschlag zu überwinden und sich zu verbessern. Seine emotionale Stabilität bewahrt das Kind vor Zusammenbrüchen und spendet ihm Vertrauen und Sicherheit.

Bild 69

Ein Baum **ohne Wurzeln** (Bild 70), zuweilen auf einer waa-
gerechten Linie stehend, die den Boden darstellt, symbolisiert eine Mutterfigur, die das Kind unterstützt und beschützt, aber nicht füttern kann, da der Kontakt zur Erde
fehlt. Das unterernährte Kind hungert nach Liebe und fühlt
sich unsicher: Ein Windstoß genügt, um seine ganze Verwirrung und Anfälligkeit freizulegen. Seine schulischen Fehllei-
stungen und seine Angst davor, in die Welt der Erwachsenen
überzutreten, sind größtenteils einer wenig präsenten weib-
lichen Figur zuzuschreiben, insbesondere während der ersten Lebensjahre: Das Kind hat sich durch ihre Anwesenheit
nicht beschützt genug gefühlt.

Bild 70

Eine Sonne, die mehr oder weniger nahe am Baum plaziert ist (Bild 71), ist Sinnbild der Vaterfigur. Ein solches Detail, das man heutzutage übrigens häufig in Kinderbildern beobachten kann, ist ein klarer Appell an den Vater, sich aktiver um den »jungen Baum« zu kümmern.

Bild 71

Charakteranalyse

Anpassungsfähigkeit

Weite Baumkrone mit wolkenähnlichen Umrissen

Wohlproportionierter Stamm

Sichere Linienführung

Lebhafte Farben

Obst an den Zweigen

Waagerechte Linie, die den Boden markiert

Autonomie

In sich wohlproportioniertes Verhältnis zwischen Stamm, Wurzeln und Krone

Sichere Linienführung

Mit ästhetischem Feingefühl eingesetzte Farbgebung

Egozentrik

Ein im Vergleich zur Krone dominanter Stamm

Ein mit Farbe ausgefüllter Stamm

Starker, energischer Druck

Ehrgeiz

Großer Stamm

Dichte und weitgefächerte Zweige

Lange Bodenlinie

Erlittenes Trauma

Waagerechte Linien, die über den Stamm verlaufen

Waagerechte Linien an den Seiten des Stammes, die wie ein Horizont aussehen

Schwarz als dominante Farbe

Extrovertiertheit und Begeisterungsfähigkeit

Großer Baum

Sichere Linienführung

Sich nach rechts und links ausdehnendes Geäst

Gut sichtbare Wurzeln

Starke und lebhafte Farben

▶

Charakteranalyse

Faulheit

Die Krone ist größer
als der Stamm

Schwache Linien-
führung

Gedrungene, träge
»Handschrift«

Furcht

Geringe Baumgröße

Neigung zur Sym-
metrie

Früchte, die nicht an
den Zweigen hängen,
sondern fast »schwe-
ben«

Helle Pastelltöne

Zaghafte und/oder
unterbrochene
Linienführung

Ausradierungen

Vorhandensein eines
Nestes

Melancholie

Vom Baum herabfal-
lende oder herabgefal-
lene Blätter

Tanne

Stamm mit vertikaler
Streifung

Helle, leichte Farben

Narzismus

Großer Stamm

Breite und gut sicht-
bare Wurzeln

Kleine und geschlos-
sene Baumkrone

Phantasie

Eine im Vergleich
zum Stamm domi-
nante Krone

Positionierung des
Baumes im oberen
Bildbereich

Viele Einzelheiten:
Blumen, Pilze, Regen-
bogen, Gras...

Regression

Links unten positio-
nierter Baum

Nest mit Tierchen

Sehr weit ausgedehnte
oder fehlende Wur-
zeln

Sexuelle Frühreife

Kleine Nebenstämme
am Hauptstamm

Blumen auf der Erde

▷

Charakteranalyse

Schmetterlinge
oder Vögel auf den
Zweigen

Rote, gelbe und lila
Farbe

Starrheit
und Selbst-
beherrschung

Schlanker, linearer
Stamm

Wenig genutzte Bild-
fläche

Zurückgehaltene, stili-
sierte Formen

Verschlossenheit

Langer und dünner
Stamm

Krone ohne Zweige

Krone in Form sepa-
rater Wölkchen

Miteinander verfloch-
tene Zweige

Ausradierungen

Fehlende Wurzeln

Der Test mit dem Haus

Die Abbildung eines Hauses beinhaltet ein wichtiges emotionales Moment: Sie stellt die Lebensweise eines Kindes dar, sein Verhältnis zu den Eltern, seine Rolle innerhalb der Familie und wie es sich darauf vorbereitet, der äußeren Welt zu begegnen.

In Kinderbildern kommen sehr oft Häuser vor, sogar – wenngleich unkenntlich – bereits in den frühesten Kleinkindentwürfen. Schon von klein auf verleiht das Kind seinem Wunsch Ausdruck, unter einem »sicheren Dach« zu leben, abgesichert gegen alle Gefahren, die ihm in seiner äußeren Umgebung drohen könnten.

Einige Wissenschaftler schreiben dem Haus die Funktion zu, das mütterliche Antlitz wiederzugeben: Das Dach gleiche den Haaren, die Fenster den Augen und die Tür dem Mund (Bild 72). Es handelt sich um eine Vermenschlichung, die

Bild 72

insbesondere bei kleineren Kindern oft vorkommt und somit die Annahme stützt, daß das Kind seine persönlichen Gefühlsregungen in seine Bilder projiziert.

Testdurchführung

Stellen Sie dem Kind folgendes zur Verfügung:

- ✔ einen Bleistift
- ✔ einen Radiergummi
- ✔ einen Bleistiftspitzer
- ✔ sieben Buntstifte (blau, grün, rot, gelb, lila, braun und schwarz)
- ✔ einige unliniierte Seiten Papier

Sie sollten das Kind möglichst dazu auffordern, das Bild mit freier Hand, d. h. ohne Hilfsmittel wie Lineal oder Dreieck, anzufertigen, da sie der Spontaneität der Ausführung abträglich sind und die Interpretationsmöglichkeiten reduzieren.

Wenden Sie sich ganz einfach mit folgenden Worten an das Kind: »Mal irgendein Haus, ganz wie du möchtest! Du darfst es auch anmalen.« Auf jede weitere Frage antworten Sie, ohne es im geringsten zu beeinflussen, etwa so: »Wie du meinst, wie du es für richtig hälst.«

Auch für diesen Test gibt es keine zeitliche Beschrankung. Wenn Ihnen das Kind zu verstehen gibt, daß es seine Arbeit beendet hat, können Sie es fragen, ob es wirklich sicher ist, daß das Bild fertig ist.

Zeichnerische Entwicklungen

Das Bild eines Hauses zeichnet sich anfangs nicht klar ab, nimmt aber zunehmend genauere und ausgereiftere Konturen an, die eine angemessene Deutung zulassen.

Im Alter **von vier bis fünf Jahren** weist das Bild einfache, essentielle Linien auf (Bild 73), aus denen man zwar nur einige wenige interpretatorisch relevante, insgesamt jedoch sehr bedeutsame Elemente ablesen kann. Es obliegt der Geschicklichkeit und der Erfahrung des Interpreten, herauszufinden, was das Kind tatsächlich einem Erwachsenen in dem Moment aufzeigen möchte.

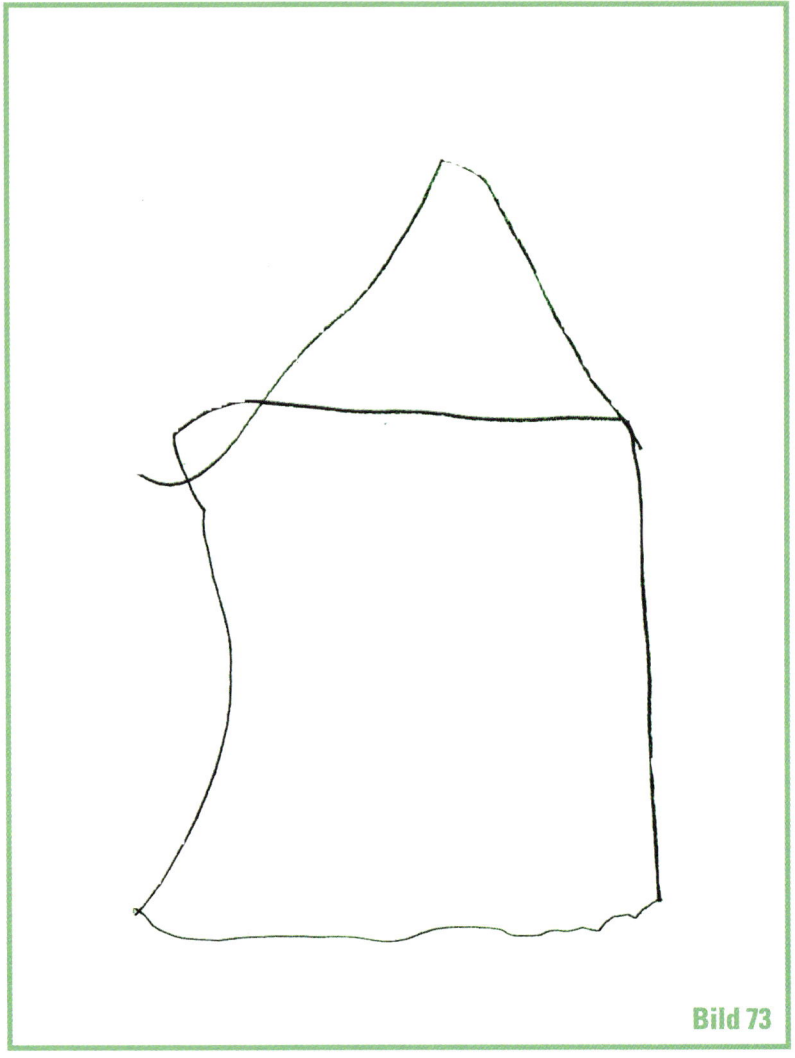

Bild 73

Im Alter von **fünf bis sechs Jahren** ist das Haus mit mehr Besonderheiten angereichert, verliert aber nicht jene Grundstruktur, die für die Interpretation ausschlaggebend ist. Es kann groß oder klein, mit sicherer oder ständig ausradierter Strichführung, mit einem rauchenden oder nicht rauchenden Schornstein versehen sein. (Bild 74)

Bild 74

Mit ca. **sieben Jahre** stellt das Kind sein Haus bildnerisch in einen detailreicheren Kontext: Es kommen die Sonne, ein Baum, Wolken, eine Straße oder gar eine ganze Landschaft hinzu (Bild 75).

Bild 75

Bei der Interpretation eines Hausbildes muß man berücksichtigen, daß es sich um einen projektiven Test handelt: Das Kind projiziert sich selbst in das Bild. Daher kann man, vom fortschreitenden Alter einmal abgesehen, sowohl ausgeschmückte Bilder bei kleineren Kindern antreffen als auch karge Häuser bei größeren.

Interpretation

Ein großes Haus ist Ausdruck von Fröhlichkeit und Ge-
mütlichkeit; es wirkt einladend und gastfreundlich (Bild 76).

Bild 76

Ein Kind, das ein großes Haus malt, zeigt, daß es spontan
und dem Leben und der Natur gegenüber aufgeschlossen ist.
Es hat einen offenen, warmherzigen Charakter und ist lie-
bes- und freundschaftsfähig. Sein Haus steht stets offen und
seinen Freunden zur Verfügung, denn es liebt Lebendigkeit
und Wärme. Man kann hier von einem altruistischen, extrovertierten Kind sprechen.

Ein kleines Haus (Bild 77) bedeutet Sammlung und Intimität, die das Kind braucht, um sich in Momenten der Müdigkeit zurückzuziehen und zu entspannen.

Bild 77

Dieses Kind verfügt über einen introvertierten (aber nicht verschlossenen) und schüchternen Charakter: Es verlangt ständig nach Bestätigung seitens der Familie, bevor es die Aufgaben erfüllt, die ihm die Gesellschaft oder Gleichaltrige abfordern. Die Familie hat für ihn die Bedeutung eines Rettungsankers, der ihm Schutz und Sicherheit bietet. Sie hat die gleiche Funktion wie die Decke von Linus, die dieses Kind vor allen Schwierig- und Widrigkeiten schützt. Es handelt sich um ein Kind, das Anregungen und Vertrauen benötigt, um seine Schüchternheit überwinden und aufblühen zu können.

Malt ein Kind das Haus wie **ein Schloß** (Bild 78), so ist es vom Typ her stark und will Botschaften der Macht, des Reichtums und der Phantasie aussenden.

Bild 78

Es ist das typische Bild eines Kindes, das gern phantasiert, indem es sich Leute oder Freunde ausdenkt, mit denen es auf ganz persönliche Art kommuniziert. Es könnte ein potentieller Schriftsteller sein. In seinen Geschichten schwingt immer etwas Magie, Erfindung und Abenteuer mit. Es hat einen guten, großzügigen und gefügigen Charakter, könnte jedoch einige Schwierigkeiten in der Schule haben, weil es sich leicht ablenken läßt.

Versperrte Türen und Fenster (Bild 79) sind ein Zeichen von Verschlossenheit. Für das Kind ist es schwierig, aus dem eigenen Schlupfwinkel herauszukommen und sich frei zu fühlen.

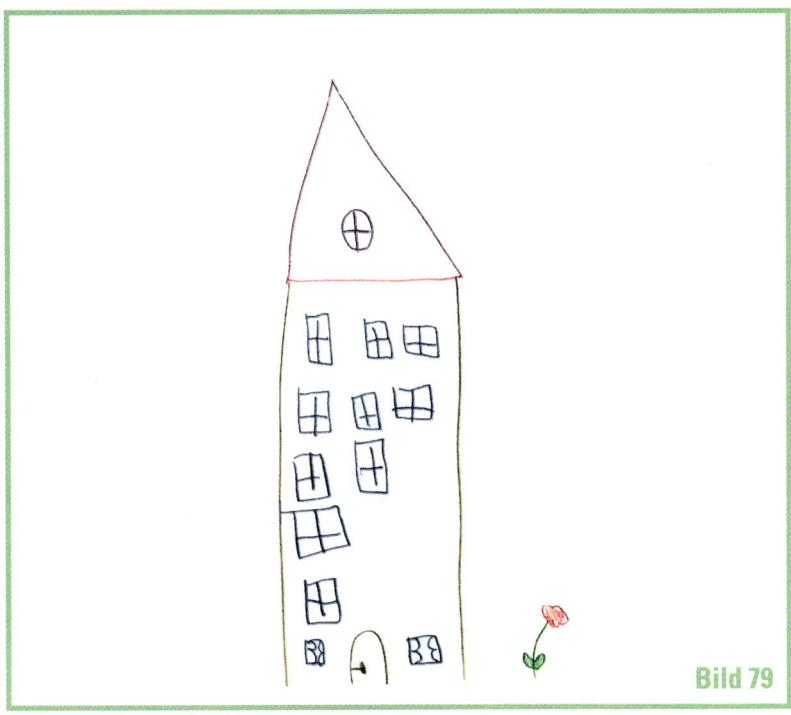

Bild 79

Kinder, die die Tür mit einem Riegel oder die Fenster mit kreuzförmigen Balken versehen, welche an eine Zelle erinnern, fühlen sich gefangen und stehen unter dem Einfluß von Konflikten innerhalb der Familie. Dies läßt sich zurückführen auf ein überbeschützendes Verhalten seitens der Eltern oder auch auf Gefühle des Verlassenwerdens, die beim Kind zu Reaktionen der Verschlossenheit und der Dialogunfähigkeit führen. Normalerweise handelt es sich um Kinder, die Probleme damit haben, ihre Gefühle auszudrücken, und nur schwer Anschluß finden. Diese Besonderheiten können auch Anzeichen eines gravierenden Unwohlseins darstellen, das sich möglicherweise negativ auf die Gesundheit des Kindes auswirkt.

Ein perspektivengerechtes Haus (Bild 80) ist immer ein Zeichen von Unbehagen. Es erwächst aus emotionaler Instabilität, Minderwertigkeitsgefühlen oder erzieherischen Maßnahmen, die Furcht und Mißtrauen in die kindlichen Fähigkeiten begünstigen.

Bild 80

Ein Haus, das zum Dach hin breiter wird, zeigt die bisweilen übertriebene Fähigkeit an, kritisch zu urteilen, sowie die Tendenz des Kindes, gedankenvoll und melancholisch zu sein. Wenn sich das Haus hingegen nach unten hin verbreitert, drückt das Minderwertigkeitsgefühle, starre, eingefahrene Verhaltensweisen sowie eventuell grundlose Angst aus.

Ein Haus **mit zusammengedrückt wirkendem** (Bild 81) **oder überbreitem Dach** enthüllt ein Mißbehagen innerhalb der Familie. Das Kind fühlt sich von den allzu anspruchsvollen Eltern erstickt und könnte darauf aggressiv reagieren. Bei der menschlichen Gestalt wird der Hut ähnlich interpretiert.

Bild 81

Wenn es unter dem Dach des Hauses **einen Dachboden** gibt (Bild 82), den das Kind vielleicht nur durch ein Bullauge andeutet, so stehen Sie vor einem Kind mit reger Phantasie, die aber durch Verbote und Untersagungen gebremst wird. Das Kind zieht sich »auf den Dachboden« zurück, wo es in Ruhe seine Phantasie schweifen lassen kann.

Bild 82

Wenn **ein rauchender Schornstein** (Bild 83) das Dach schmückt, heißt das, daß im Inneren des Hauses ein wärmendes Feuer brennt, um das sich die Familie versammelt. Dies jedenfalls nimmt das Kind wahr und gibt es wieder.

Bild 83

Wenn der Schornstein nicht raucht oder gar ganz fehlt (Bild 84), bedeutet das, daß die Kommunikation im Hause erloschen ist und es dem Kind an der gebührenden Zuwendung mangelt.

Bild 84

Eine Fernsehantenne (Bild 86), die sich auf dem Dach befindet, repräsentiert die besondere Aufmerksamkeit, die das Kind all dem schenkt, was um es herum geschieht. Sie hat die gleiche Bedeutung wie die Ohren bei der Darstellung einer menschlichen Gestalt und drückt ebenfalls Wachsamkeit, Aufmerksamkeit und Sorgfalt aus. Vor Ihnen steht ein Kind mit feinen »Antennen«!

Bild 86

Die Tür ist stets Ausdruck der Art und Weise, wie das Kind mit seiner Umgebung in Verbindung tritt. Ist sie geschlossen und ohne Klinke deutet das auf Vorsicht, Schüchternheit und auf Kontaktschwierigkeiten hin. Ist die Klinke dagegen gut sichtbar, so handelt es sich um ein unbefangenes, extrovertiertes Kind. Schlösser oder Riegel verschleiern Schuldgefühle (meist in Verbindung mit Sexualität) und die Angst davor, Kontakt aufzunehmen, sich mustern und beurteilen zu lassen.

Zwei Türen (Bild 86), die sich vielleicht auf zwei Seiten eines gleichen Hauses befinden, lassen an einen zwischen den Eltern schwelenden Konflikt denken, der in Form einer realen Trennung bereits gelebt wird bzw. dem Kind Angst davor einjagen könnte.

Bild 86

Die Fenster (Bild 87) stehen stellvertretend für die Möglichkeit, die das Kind hat, die äußere Umgebung vom Hausinnern aus zu beobachten und seinerseits gesehen zu werden. Sie sind ein Zeichen für die Art und Weise, wie das Kind mit der Außenwelt kommuniziert, allerdings wird dies durch den Filter der Konditionierungen, Verhaltensregeln und seitens der Familie ausgesprochenen Verbote wiedergegeben.

Offene oder weit aufgerissene Fenster signalisieren Offenheit und Neugier gegenüber der Um- und Außenwelt, ohne daß das Kind Angst vor dem Urteil anderer haben müßte. Geschlossene Fenster spiegeln das Bedürfnis wider, sich vor der Aufdringlichkeit und vor indiskreten Blicken schützen zu müssen. Daher deuten sie auf Verschlossenheit und Vorsicht in Beziehungsangelegenheiten hin.

Bild 87

Ein Haus, das **ohne Fenster** gemalt wird (Bild 88), illustriert (insbesondere, wenn das Kind älter als fünf bis sechs Jahre ist) das Gefühl, der Realität auf Grund einer unterdrückerischen Erziehung nicht begegnen zu können. Es handelt sich um ein gut behütetes, möglicherweise überbeschütztes Kind, das gerade deshalb sehr zerbrechlich ist.

Bild 88

Sehr große Fenster tun den aufdringlichen Charakter eines Kindes kund, das weite Räume beansprucht, in denen es seine ganze Energie entladen kann. Sind die Fenster hingegen mit Gardinen, Schnörkeln oder Blumenvasen dekoriert, haben Sie es mit einem sensiblen, zärtlichen, schüchternen und furchtsamen Kind zu tun, das ästhetisches Feingefühl besitzt und unbedingt einen guten Eindruck machen möchte.

Wenn sich um das Haus herum **ein Zaun** oder **eine Palisade** befindet (Bild 89), so beweist das, daß das Kind ein Gefühl der Isolierung durchlebt. Die Eltern etwa könnten dies verursacht haben, indem sie ihm verbieten, Freunde mit nach Hause zu bringen.

Bild 89

Bäume, die das Kind um das Haus herum malt (Bild 90), geben Ihnen den Wunsch nach Zärtlichkeit, Schutz und Sicherheit innerhalb der Familie zu verstehen, die das Kind benötigt, um in der Öffentlichkeit noch selbstsicherer auftreten zu können.

Bild 90

Ein Haus in weiter Ferne, das klein gezeichnet und eventuell in eine ausgedehnte, üppige Landschaft eingebettet ist (Bild 91), legt Empfindungen der Traurigkeit an den Tag, die durch emotionale »Entfernungen« in der Familie bedingt sind (es muß sich also nicht unbedingt um reale Trennungen handeln). Das Kind meldet damit sein Verlangen nach mehr Aufmerksamkeit an.

Bild 91

159

Das Vorhandensein **einer Straße** verdient besondere Beachtung. Im letzten Kindergartenjahr sowie nach dem Eintritt in die Grundschule malen Kinder sehr häufig eine Straße, obwohl sie zeichnerisch Probleme mit der Perspektive aufwirft.

Als Verlängerung des Hauses symbolisiert die Straße die Möglichkeit, aus dem Familienverband herauszutreten, um den Weg, der in das gesellschaftliche Leben führt, einzuschlagen. Außerdem kann sie das Bedürfnis des Kindes manifestieren, hin und wieder zu der Familie zurückkehren zu wollen, was als regressives, rückschrittliches Symptom oder anders gesehen als Kompensation für ein allzu mühsames »Außenleben« zu werten ist.

Bild 92

Eine gewundene Straße (Bild 93) legt einen nicht leicht zufriedenzustellenden Charakter bloß. Dieses Kind liebt es, alles persönlich zu überprüfen. Stößt es auf ein Hindernis, neigt es dazu, es zu umgehen. Es bittet ungern um Hilfe, weil es sehr stolz ist, und verfügt über eine selektive, scharfsinnige, neugierige Intelligenz sowie über geschickte Hände, die es für Spiele mit Bauklötzen besonders geeignet erscheinen lassen.

Bild 93

Eine geradlinige Straße, die nach unten führt (Bild 94), zeichnet ein Kind aus, das einen offenen Charakter hat und ein guter Zuhörer ist. Es akzeptiert Tips und Ratschläge seitens der Großen und spielt gerne draußen, um dann erfüllt und um neue Erfahrungen reicher heimzukehren.

Bild 94

Eine sich gabelnde Straße (Bild 95) deckt Entscheidungs-unsicherheit auf, die durch die Angst entsteht, sich von der sicheren familiären Zuneigung zu lösen. Normalerweise handelt es sich um offene und kommunikationsfreudige Kinder, die sich gern beliebt und akzeptiert fühlen möchten. Sie arbeiten auch gut in Gruppen mit, verhalten sich dabei aber still und unaufdringlich.

Bild 95

Eine Straße, die nach einer weiten Kurve **oben wieder zurückführt**, ist typisch für Kinder, die das Urteil anderer fürchten und es daher vorziehen, sich Alibis oder Schutzbehauptungen zu verschaffen, um einer Konfrontation aus dem Weg zu gehen. Als Perfektionisten neigen sie dazu, sich »einzuigeln«, und können wie Igel stechen, insbesondere wenn sie sich in ihrem Stolz verletzt fühlen. Ihre Rückkehr nach Hause könnte auch weniger heiter ausfallen und negative Reaktionen provozieren, falls sie nicht so empfangen werden, wie sie es erwarten. Es sind selbständige Kinder, die sich gut an die Gesellschaft anpassen.

Bild 96

Eine Straße, die abrupt endet (Bild 96), so als sei sie geschlossen, bringt einen wählerischen und introvertierten Charakter ans Licht, demzufolge die Beziehungen zu anderen unverbindlich und diskret bleiben. Dieses Kind ist fleißig und aufmerksam und meistert seine schulischen Verpflichtungen mit Bravour.

Der Test mit der Familie

Der Familientest erlaubt Ihnen, jenseits der darstellerisch mehr oder weniger gelungenen Ausführung zu erfassen, welche positiven oder negativen Aspekte das Heranwachsen des Kindes beeinflussen. Es ist bekannt, daß viele Vorkommnisse das Innere eines Familienverbandes erschüttern können: die Geburt eines Geschwisterchens, der schulische Erfolg einer größeren oder schlimmer noch: jüngeren Schwester (was die Angst, weniger wert zu sein, zur Folge hat), die irrationale Furcht davor, von einem Elternteil verlassen zu werden, schulische Anforderungen usw.

Wenn sich ein zwölfjähriger Junge in einer Wiege malt, indem er zeichnerisch an die Stelle der wenige Monate alten Schwester tritt, hebt er damit den regressiven Prozeß hervor, den er gerade durchmacht: die Angst, das Objekt seiner Liebe (= die Mutter) zu verlieren, sowie die Furcht, daß ein anderer (in diesem Fall die Schwester) seine Mutter völlig in Beschlag nehmen könnte. Die Eifersucht, die dieses Kind empfindet, jedoch nicht mit Worten ausdrückt (aus Angst, die Eltern würden ihm dann keine Achtung mehr entgegenbringen), äußert sich durch verschiedenste Symptome: Bettnässen, nervöse Tics, Angst vor der Dunkelheit, Bauchschmerzen, die vielleicht nur dann auftauchen, wenn es zur Schule muß, wodurch es sich von der Mutter entfernt...

Es sind dies oftmals nicht ganz geklärte oder von den Erwachsenen nicht im vollen Umfang wahrgenommene Situationen. Hier hilft die nonverbale Sprache. Sie ermöglicht es Ihnen, vielfältige Informationen über Persönlichkeitsstruktur, Gefühlswelt und die Art des Kindes zu reagieren, herauszufinden. Auch wenn Sie das nicht verlangt haben, so malt ein Kind doch immer seine eigene Familie, und indem es das tut, erzählt es Ihnen etwas über seine Probleme, seine Befürchtungen, seinen Kummer, seine Hemmungen, der Wirklichkeit ins Auge zu sehen, über seine

Angst vor dem Großwerden oder im Gegenteil hierzu von seiner Freude, Heiterkeit und Lust am Leben.

Aber kann die Familie heutzutage überhaupt noch als Ort der Sicherheit und Zuflucht dienen? In Anbetracht der Kinderbilder durchaus, denn die Bedürfnisse der Kinder haben sich nicht verändert: Sie möchten sich geliebt und akzeptiert fühlen sowie fest in den Familienverband integriert sein.

Testdurchführung

Führen Sie das Kind an einen Tisch, der die richtige Höhe hat und auf dem Sie ein Blatt weißes Papier, einen Bleistift, einen Radiergummi sowie Buntstifte bereitgelegt haben. Dann sagen Sie zu ihm: »Male eine Familie, welche ist egal. Du darfst auch gerne die Farbstifte benutzen.« Wenn das Kind mit seinem Bild fertig ist, das es völlig frei und unbeeinflußt angefertigt hat, werden Sie es loben, um es zu belohnen, und es dazu auffordern, etwas über die gemalte Familie zu erzählen. Schreiben Sie alle Antworten sorgfältig auf, denn das verhilft Ihnen zu einer korrekten Bildinterpretation.

«Wer ist der netteste von den Menschen, die du gemalt hast? Und der, der am wenigsten nett ist? Wer ist der glücklichste? Und wer ist am traurigsten von allen?« Auf jede Antwort können Sie ein »Warum?« folgen lassen. Am Schluß fragen Sie das Kind: »Und welche Figur gefällt dir in dieser Familie am meisten? Wer würdest du gerne sein? Egal, ob Mädchen oder Junge.«

Wichtig ist auch, auf welche Weise das Kind vorgeht. Beachten Sie:

✔ Die Zeit, die es für die Anfertigung der einzelnen Figuren benötigt

✔ Deren Anordnung auf dem Blatt

✔ Die Sorgfalt, die das Kind auf Einzelheiten verwendet

✔ Durch Nähe oder Ferne gekennzeichnete Positionierung der Figuren

✔ Welche Figur das Kind als erste und welche es als letzte malt

✔ Welche Gestalt es als erste anmalt

✔ Verbesserungen und Ausradierungen

✔ Ob ein Angehöriger seiner realen Familie fehlt

✔ Ob es vielleicht eingebildete Personen oder Tiere hinzufügt

✔ Ähnlichkeiten zwischen den Figuren

✔ Wie sich die einzelnen Verwandten verhalten und was sie tun

✔ Was deren Gesichter ausdrücken

✔ Wie sie ihre Arme, Hände und Beine halten

✔ Welche Figuren nahe beieinanderstehen

✔ Wie die Proportionen der Figuren untereinander ausfallen

✔ Wie sie gekleidet sind

✔ Welche Rollen das Kind seinen Figuren zuteilt

✔ Ob das Kind mit sicherem oder unsicherem Zug malt

✔ Ob es Ungleichgewichte gibt in der körperlichen Darstellung einer oder mehrerer Figuren

Zeichnerische Entwicklungen

Wenn Sie ein Familienbild deuten wollen, müssen Sie immer das Alter des Kindes, das es gemalt hat, berücksichtigen. So durchleben Kinder im Alter von fünf Jahren die stärkste Identifizierung mit ihren Eltern: Sie sind ganz damit beschäftigt, all das, was die Eltern tun oder sagen, aufzusaugen und in sich aufzunehmen. Sie möchten dann am liebsten die ganze Zeit mit ihnen verbringen, gleichzeitig halten sie jedoch auch nach außen hin Ausschau nach unterschiedlichen

Lebensmodellen, die ihnen andere außerhalb des eigenen Familienkreises vorleben. Ein neun- oder zehnjähriger Junge hingegen registriert seine eigene Familie schon als konfliktreicher, nicht etwa weil er weniger anhänglich oder abhängig wäre, sondern weil er sich auf der Suche nach einer eigenen autonomen Rolle befindet.

Indem ein Kind die Mitglieder seiner Familie malt, zeigt es Ihnen den Weg auf, den es zurückgelegt hat, um sich von seinem primären Egozentrismus zu lösen und sich schrittweise der Selbständigkeit zu nähern.

Es wäre falsch anzunehmen, daß ein Kind oder Jugendlicher sein Heranwachsen als problemlos empfindet. Erwachsen zu werden bedeutet, ein zweites Mal geboren zu werden: Es ist so, als müsse das Kind nach dem Geburtstrauma ein neues Trauma durchleben, nämlich das der Loslösung von den Menschen, die es beschützen. Dieses Mißbehagen positiv zu überwinden, setzt voraus, daß das Kind die »Nabelschnur«, die es gefühlsmäßig mit den Eltern verbindet, in Bande der Liebe umwandelt, die die Familie untereinander, das Kind selbst und die Welt zusammenhalten.

Interpretation

Die Figur, die an vorderster Stelle steht (Bild 97), ist die, für die das Kind die größte Bewunderung hegt. Es identifiziert sich mit ihr und versucht, sie in allem nachzumachen, womit es zuweilen etwas Schwierigkeiten hat. Das kann bei dem Kind zu Furchtzuständen oder zu der Angst führen, nicht an die bewunderte Person heranreichen zu können.

Bild 97

Sich selbst als erste Figur zu malen (Bild 98), ist Zeichen von Egozentrismus und weist auf das Bedürfnis des Kindes hin, sich vor alle zu stellen. Es drückt ein Abhängigkeitsverhältnis aus, das es ihm noch nicht erlaubt, sich von seiner Familie zu lösen, ohne gefühlsmäßig darunter zu leiden. Dadurch offenbart es sein nicht ganz gestilltes Verlangen, geliebt zu werden.

Diese emotionale Unzufriedenheit demotiviert das Kind und schlägt sich auch in seinen schulischen Leistungen negativ nieder.

Bild 98

Sich selbst an letzte Stelle zu setzen (Bild 99), belegt eine Selbstentwertung sowie wenig Selbstvertrauen in die eigenen Fähigkeiten, was auf Schüchternheit, Verschlossenheit oder zumindest auf die Schwierigkeit, sein Gefühlsleben auszudrücken, zurückzuführen sein dürfte. Das Kind fühlt sich, ob zu Recht oder zu Unrecht, nicht immer beruhigt und genug gelobt.

Die Selbstentwertung ist eine wichtige Botschaft; Sie müssen dem Kind helfen, diese negative Empfindung zu überwinden, damit es ein positives Selbstbild entwirft und sich mehr Vertrauen und Autonomie zu eigen macht.

Bild 99

Wenn das Kind vom Familienbild **einen oder mehrere Angehörige ausschließt** (Bild 100), gibt es damit eindeutig zu erkennen, daß es denjenigen zurückweist. Das kann durch Eifersucht oder durch die Furcht motiviert sein, daß jene bestimmte Figur (z. B. ein neuer Bruder) wichtiger als es selbst werden und ihm einen Teil der elterlichen Zuwendung entziehen könnte.

Tochter   Mutter

Bild 100

Figuren zur realen Familie hinzuzuzeichnen (Bild 101), ist ein Hinweis auf ein Kompensationsverhalten, das einem momentanen Einsamkeitsgefühl entspringt. Das Kind wünscht sich Gesellschaft herbei, um seine Angst vor einer Gefühlsleere zu besiegen, oder es kompensiert auf diese einfallsreiche Weise unerfüllte Wünsche und Bedürfnisse.

Das Hinzufügen einer Person ins Familienbild besitzt die gleiche Bedeutung wie die, sich einen erfundenen Freund einzubilden: Es signalisiert Kommunikationsschwierigkeiten mit Gleichaltrigen, da das Kind zu Hause vorrangig mit Erwachsenen zusammenlebt.

Bild 101

Bildet das Kind **eine Figur zu klein** (Bild 102) ab, so heißt das, daß es sie als potentiellen Rivalen auffaßt, der zwar nicht ausgeschaltet werden kann, aber deutlich »herabgesetzt« wird.

Bild 102

Wenn **eine Person etwas abseits** abgebildet ist (Bild 103), zeigt dies eine fehlende Integration innerhalb des Familienverbandes auf, die reell oder lediglich in der kindlichen Vorstellungskraft bestehen kann. Dem Kind fällt es schwer, mit dieser Person ein Vertrauensverhältnis oder eine intensivere Beziehung herzustellen.

Bild 103

Das Ausradieren einer Figur (Bild 104) ist Hinweis auf Unduldsamkeit, die das Kind sich selbst oder einem bzw. mehreren Familienmitgliedern gegenüber empfindet, aber nicht offen zum Ausdruck bringt, weil es Angst davor hat, negativ aufzufallen. Eine solch unterdrückte Feindseligkeit sitzt tiefer als reine Vergeßlichkeit, denn das Kind leidet unter dem Konflikt zwischen Wunsch und Zurückweisung in Hinblick auf die ausradierte Gestalt.

Bild 104

Eine überdimensional große Figur (Bild 105) wird vom Kind als dominante und unterdrückerische Person empfunden, der es unbedingten Gehorsam schuldet. Es kann entweder auf eine Hemmung hindeuten oder im Gegenteil auch eine privilegierte Position anzeigen, die diese Person im Herzen des Kindes innehat.

Bild 105

177

Arme oder Hände auszulassen (Bild 106), ist eine Form der
»Bestrafung«, die das Kind an einer Figur vornimmt, die es als
bedrohlich einstuft. Es ist auch Zeichen einer nicht voll aus-
gelebten Sexualität aus Angst vor dem Urteil der Erwachsenen.

Bild 106

Das Hinzufügen von Tieren (Bild 107) könnte darauf hinweisen, daß das Kind dazu neigt, seine Aggressivität zu tar-
nen, die es gegenüber einem oder mehreren Familienmitgliedern empfindet.

Bild 107

Sich selbst auszuschließen (Bild 108), zeigt, daß das Kind über geringe Selbstachtung verfügt und das Gefühl hat, der eigenen Familie nicht zuzugehören. Es fühlt sich ausgeschlossen.

Dem können die unterschiedlichsten Motive zugrundeliegen: z. B. Angst vor Drohungen oder Strafe oder auch das Gefühl, nicht mehr an erster Stelle zu stehen, bzw. Eifersucht gegenüber kleineren Geschwistern. Auf Grund dieser Eifersucht eignet sich das Kind Abwehrmechanismen an, die sich durch regressive Verhaltensweisen äußern wie etwa Daumenlutschen, Bettnässen, psychosomatische Unpäßlichkeiten u.ä.

Bild 108

Sich selbst andersgeschlechtlich darzustellen, läßt an eine Zurückweisung des eigenen Körpers denken, kann aber auch beinhalten, daß das Kind die eigene sexuelle Rolle nicht akzeptiert. Es ist das typische Bild von einem Kind, das sich in der Pubertät befindet.

Bild 109

Wenn sich das Kind weigert, eine Familie zu malen, ist das immer Symptom eines Unbehagens. Es signalisiert seine geringe gefühlsmäßige Anteilnahme am Familienleben und einen fehlenden Dialog der Familienmitglieder untereinander. Soll das Kind nun eine Familie abbilden, so fühlt es sich blockiert und gehemmt.

181

Malt das Kind eine Tierfamilie (Bild 110), die die menschlichen Figuren ersetzt, bedeutet das ein schwaches Zugehörigkeitsgefühl. Dem Kind ist Schmerz zugefügt worden, der es in seinem spontanen Gefühlsausdruck hemmt. Hat z. B. gerade eine Trennung stattgefunden, zieht das Kind ein »Tarnbild« vor, um sein Leid nicht noch einmal durchleben zu müssen.

Manchmal ist es empfehlenswert, ausdrücklich danach zu verlangen, daß eine Tierfamilie dargestellt wird, und zwar dann, wenn Sie jene versteckten Eigenheiten bewerten möchten, die das Kind in einem normalen Familienbild nicht preisgeben würde.

Bild 110

Weigert sich das Kind, die ganze Familie anzumalen (Bild 111), ist das Zeichen seiner Apathie und Gefühlskälte, die von Ereignissen ausgelöst wurden, die es in seiner Seele getroffen haben. Es ist entweder ein Hinweis auf eine zu strenge Erziehung, die Hemmungen zur Folge hat, oder im Gegenteil auf einen zu liberalen Umgang, der dem Kind keine Geborgenheit und Herzenswärme seitens der Erwachsenen vermitteln kann.

Bild 111

Trägt eine Figur **einen Hut** auf dem Kopf (Bild 112) – meist ist es der Vater –, so steht das für Unterdrückung, für eine Last, die es dem Kind nicht erlaubt, in Freiheit heranzuwachsen. Es fühlt sich von den Verhaltensregeln und Anforderungen, die ihm auferlegt werden, erdrückt und schafft es nicht, sie zu beachten bzw. zu erfüllen. Es äußert dadurch seine Unduldsamkeit und seinen Widerstand gegenüber einem realen oder eingebildeten »Unterdrücker«.

Bild 112

Legt jemand den Arm um den Hals eines anderen (Bild 113), was zunächst wie eine zärtliche Geste anmuten könnte, ist das in Wahrheit Ausdruck des kindlichen Gefühls, zurückgehalten und daran gehindert zu werden, der Welt unbehelligt »entgegenfliegen« zu dürfen. Das Kind veranschaulicht auf diese Weise die Fesseln, die jener Erwachsene oder auch jemand anderes ihm anlegt. Seine Freiheit erscheint ihm eingeschränkt, was seine Fähigkeit, sich in die Gesellschaft einzufügen, stark mindert.

Bild 113

Ist das Familienbild **in einen Rahmen** eingefaßt (Bild 114), wie ein Porträt, beweist das, daß das Kind unter einer zu strengen Erziehung zu leiden hat. Es faßt die Familie wie einen Clan auf, in dem alles auf Pflichterfüllung, Ordnungsdrill und formale Regeln ausgerichtet ist. Für Spontaneität und unmittelbare Kommunikation ist hier kein Platz. Das Kind verbildlicht die strenge Kontrolle, die auf alles ausgeübt wird. Da es seine Gefühle und altersbedingten Impulse nicht ausleben kann, ist es aggressiv geladen und verhält sich außerhalb der Familie streitsüchtig, übertrieben lebhaft oder legt einen unbändigen Bewegungsdrang an den Tag.

Bild 114

Ein Familienbild, **das in Einzelteile zerfällt** und **auf dem je-der in seinem Zimmer einer eigenen, persönlichen Be-schäftigung nachgeht** (Bild 115), ist ein Indiz für ein bruch-stückhaftes Kommunikationsverhalten. Das Kind erlebt sei-ne eigene Familie und sein eigenes Zuhause auf unpersönli-che, befremdliche Art. Das begünstigt auf lange Sicht das Herausbilden opportunistischer und egoistischer Verhal-tensmuster. Die Selbständigkeit und Unabhängigkeit des Kindes mag das begünstigen, aber es geht zu Lasten seines gesellschaftlichen Lebens.

Bild 115

Eine Knopfreihe auf der Bekleidung eines Familienangehörigen (Bild 116) entspricht der Wichtigkeit, die das Kind dieser Gestalt gefühlsmäßig beimißt. Sie symbolisiert ein solides Verhältnis, das dem Kind Sicherheit und Frohsinn spendet: Es empfindet dieser Person gegenüber Achtung und Vertrauen.

Im Alter von 12-13 Jahren wirkt sich eine solche Beziehung jedoch negativ aus. Sie betont die Abhängigkeit des Kindes und schränkt es in seinem Wunsch ein, Selbständigkeit zu erproben oder sich zumindest emotional abzunabeln, um sich offen und spontan anderen anschließen zu können.

Bild 116

Bibliographischer Anhang

AISSEN-CREWETT,
MEIKE
Kinderzeichnungen
verstehen
Von der Kritzelphase bis
zum Grundschulalter
Don Bosco, 1988
ISBN 3-7698-0614-X

BAUMGARDT, URSULA
Kinderzeichnungen –
Spiegel der Seele
Kinder zeichnen Konflikte
ihrer Familie
Kreuz Zürich, 1996
ISBN 3-268-00028-2

BLUME, CHRISTHILDE
Kleinkindzeichnungen –
Spiegel der Entwick-
lung bei Gesundheit
und Krankheit
J. Mellinger, Stgt.;
ISBN: 3-880-69164-9

BREM-GRÄSER, LUIT-
GARD
Familie in Tieren
Die Familiensituation im
Spiegel der Kinderzeichnung
Reinhardt, Mchn.; 1995
ISBN 3-497-01367-6

CARSTENS, NORBERT
Die Bildsprache des
Kindes
Kleinkindzeichnungen aus
aller Welt und ihre gemein-
same Sprache
Edition Re, 1991
ISBN 3-927636-25-8

DILEO, JOSEPH H.
Die Deutung von Kin-
derzeichnungen
Aus d. Amerik. v. Schom-
burg-Scherff, Sylvia M.
Gerardi, A, 1992
ISBN 3-927948-82-9

FLECK-BANGERT, ROSE
Was Kinderbilder uns
erzählen
Kinder setzen Zeichen – Ge-
maltes sehen und verstehen
Kösel, Aktualis. 1999
ISBN 3-466-30479-2

ITEN, ANDREAS
Die Sonne in der
Kinderzeichnung und
ihre psychologische
Bedeutung
Balmer, H R, 1974
ISBN 3-85548-105-9

LEBÉUS, ANGELIKA M.
Wenn Kinder malen
Kinderbilder und was sie uns
sagen
Beltz,1997
ISBN 3-407-85726-8

REICHELT, STEFAN
Verstehen, was Kinder
malen
Sorgen und Ängste der
Kinder in ihren Bildern
erkennen
Kreuz-Vlg., Stgt.; 1996
ISBN: 3-268-00194-7

SCHUSTER, MARTIN
Kinderzeichnungen
Wie sie entstehen, was sie
bedeuten
Springer-Verlag, 1994
ISBN: 3-540-57042-X

SEITZ, RUDOLF
Was hast du denn da
gemalt?
Wie Kinder zeichnen und
was Eltern, Erzieherinnen
und Lehrkräfte dafür tun
können
Don Bosco, 1995
ISBN 3-7698-0812-6

STEINHAGE,
ROSEMARIE
Sexuelle Gewalt
Kinderzeichnungen als Signal
Rowohlt TB, 1992
ISBN: 3-499-19158-X

URNER, ERNA
Häuser erzählen
Geschichten
Die Bedeutung des Hauses in
der Kinderzeichnung
Pro Juv.-Atlantis, 1993
ISBN: 3-715-20275-0

WIDLÖCHER, DANIEL
Was eine Kinderzeich-
nung verrät
Methode und Beispiele psy-
choanalytischer Deutung
Fischer TB, 1995
ISBN 3-596-42254-X

Register

Jungen! Wie sie glücklich heranwachsen
Eine völlig neu Sicht unserer Jungen

5. Auflage 1999
Gesamtauflage
75.000 Expl.

Mit diesem Ratgeber legt Australiens bekanntester Familientherapeut Steve Biddulph, dessen Bücher in zehn Sprachen und in Millionenauflage erschienen sind, ein gedanklich provozierendes, erfahrungsreiches und praktisch orientiertes Buch zur Erziehung von Jungen vor.

Alle Eltern, die einen Sohn haben, sind um sein Wohlergehen besorgt. Doch überall, wo man hinsieht, geraten Jungen in Schwierigkeiten – in der Schule, auf der Straße, im Elternhaus, in ihrem Verhältnis zu Mädchen. Eltern fragen sich, was ihre Söhne beschäftigt und wie sie ihnen helfen können, die Klippen des Heranwachsens zu umschiffen.

In *Jungen! Wie sie glücklich heranwachsen* schildert Steve Biddulph die wichtigsten Entwicklungsstadien der Jungen. Durch seine lebensnahe, klare und frische Darstellungsweise gelingt es ihm, ein völlig neues Bild unserer Jungen zu zeichnen. Er bietet Lösungen an, wie Erziehende den Jungen helfen können, Wege aus Problembereichen wie Lernschwierigkeit, Verhaltens- auffälligkeit, aber auch Drogen und Gewalt zu finden.

240 S., 45 farbige Ill., 40 Fotos, DM 24,80, sFr 23,00, öS 181,00, ISBN 3-89530-019-5

RATGEBER

Steve Biddulphs
aktueller Longseller:
*Das Geheimnis
glücklicher Kinder*

14. Auflage 1999
Gesamtauflage
über 250.000 Expl.

Dieser in seiner Art einmalige Elternratgeber stellt psychologische Sachverhalte so klar und verständlich dar wie nie zuvor. Eltern erhalten tatsächlich praktische Handlungsanleitungen, wie sie mit ihrem Nachwuchs wieder fröhlicher, konfliktfreier und entspannter umgehen können. Sie erfahren, was wirklich in den Köpfen der Kinder vor sich geht – und wie man am besten darauf reagiert.

Süddeutscher Rundfunk
»Der beste Erziehungsratgeber seit langem. Ein wunderbares Buch für ›Praktiker‹, dem es gelingt, mit ›Aha‹-Erlebnissen bei der Lektüre wirklich weiterzuhelfen.«

Saarländischer Rundfunk
»Wenn Sie dieses Buch mit seinen gut strukturierten Kapiteln lesen, werden Sie buchstäblich die stützende Hand auf Ihrer Schulter spüren.«

200 S., 77 farbige Ill., Pb. 15 x 23 cm, DM/sFr 24,80, öS 181,00, ISBN 3-89530-000-4

Der Ergänzungsband
zu *Das Geheimnis
glücklicher Kinder*

2. Auflage 1999
Gesamtauflage
25.000 Expl.

Steve Biddulphs Folgeband zu *Das Geheimnis glücklicher Kinder* ergänzt den ersten Titel in zweierlei Hinsicht: Zum einen behandelt er neue Erziehungsthemen, zum anderen werden Themen vertieft, die im ersten Buch nur kurz angesprochen wurden. Weitere Geheimnisse glücklicher Kinder gibt Antwort auf zwei der wichtigsten Fragen heutiger Erziehung:

- Wie können Eltern lernen, Disziplin und Gehorsam von ihren Kindern zu fordern, ohne auf physische Gewalt oder Einschüchterungen zurückzugreifen?

- Wie können Eltern ermuntert werden, ihre Kinder wirklich selbst zu erziehen und die Aufgabe nicht anderen (oft nur vermeintlich besser qualifizierten) Personen zu überlassen.

Damit Eltern diese Herausforderungen meistern können, gibt Steve Biddulph ihnen zwei wirkungsvolle Konzepte an die Hand: »Sanfte Liebe« und »Standfeste Liebe« oder anders ausgedrückt – Einfühlungsvermögen und Festigkeit.

208 S., 50 farbige Ill., Pb. 15 x 23 cm, DM 24,80 SFr 23,00 ÖS 181,00, ISBN 3-89530-020-9